カウンセリング
への招待

瀧本孝雄 著

サイエンス社

まえがき

　最近カウンセラーになりたいと思っている人やカウンセリングを受けてみたいという人がますます増えてきています。
　これは学校，企業，病院などでカウンセラーを必要としていること，カウンセラーという仕事が人間を相手にし，やりがいのある仕事と考えられているからだと思われます。
　「カウンセリング」や「カウンセラー」という言葉が入っている書籍も1,000冊を超えています。これは「カウンセリング」に対する関心や期待が，かつてない程に高まっている現れです。カウンセリングという言葉も，すでに日本語として定着し，一般社会でも通用するようになりました。
　本書では，カウンセリングとは何かということを理解したい人を対象に，カウンセリングの基本的な考え方が書かれています。
　カウンセリングのどの理論，どの技法にも共通している基本は，まず「傾聴」にあると思います。「傾聴」とは相手の立場に立って，相手の人の考え方や感情を受け容れ，共感的に理解していくことです。傾聴の精神はカウンセリングばかりでなく，一般の人間関係にも通用するものです。本書は，基本的にこのような考え方を重視しています。
　本書は3部構成になっています。
　第Ⅰ部では，まずカウンセリング全般について解説し，次にカウンセリングにおけるパーソナリティの重要性について述べています。
　第Ⅱ部では，カウンセリングの理論，技法の主なものとして，クライエント中心カウンセリング，行動療法，精神分析療法，折衷的カウンセリングについて詳しく紹介しています。
　第Ⅲ部では，カウンセリングにおける心理アセスメントや心理検査の必要性について述べています。

まえがき

　第Ⅰ部から第Ⅲ部を通読することにより，基礎的な知識が身につくよう，心がけました。

　本書がカウンセリングに興味や関心を持つ多くの方々に何らかの役に立つことを願ってやみません。

　最後に本書を出版するにあたって終始ご尽力をいただいたサイエンス社の清水匡太氏と扇谷文子氏に対して厚く感謝する次第です。

2006年3月

著者

目　次

まえがき…………………………………………………………………… i

第Ⅰ部　カウンセリングの概念とパーソナリティ　1

❀1章　カウンセリングとは何か ……………………………… 3
　1.1　カウンセリングの定義 ……………………………………… 3
　1.2　「カウンセリング」という言葉のイメージと連想語 ……… 5
　1.3　受理面接（インテーク・インタヴュー）………………… 8
　1.4　場面構成（カウンセリングの準備）……………………… 10
　1.5　カウンセリングにおけるコミュニケーション ………… 11
　1.6　日常会話でのコミュニケーション ……………………… 13
　1.7　カウンセリングの効用と限界 …………………………… 15
　1.8　カウンセリングと心理療法（サイコセラピー）………… 17
　1.9　カウンセリングの歴史 …………………………………… 18
　1.10　カウンセラーの資質と態度 ……………………………… 21

❀2章　カウンセリングとパーソナリティ ………………… 28
　2.1　カウンセリングにとってのパーソナリティ理解の必要性 … 28
　2.2　パーソナリティの類型論と特性論 ……………………… 29
　2.3　パーソナリティの形成 …………………………………… 35
　2.4　文化とパーソナリティ …………………………………… 38
　2.5　葛藤の理論 ………………………………………………… 39
　2.6　欲求不満（フラストレーション）………………………… 42
　2.7　欲求不満耐性（フラストレーション・トレランス）…… 44

第Ⅱ部　主なカウンセリングの理論と技法　47

❀3章　クライエント中心カウンセリング …………………… 50
　3.1　クライエント中心カウンセリングの考え方 …………… 50

3.2　ロジャーズとクライエント中心カウンセリング ………… 51
4章　行動療法 …………………………………………… 81
　4.1　行動療法 ……………………………………………… 81
　4.2　行動カウンセリング ………………………………… 92
　4.3　認知行動療法 ………………………………………… 94
5章　精神分析療法と精神分析的カウンセリング ……… 105
　5.1　精神分析の創始者フロイト ………………………… 105
　5.2　精神分析の理論 ……………………………………… 106
　5.3　精神分析療法の技法 ………………………………… 114
　5.4　精神分析的カウンセリングの理論と技法 ………… 116
6章　折衷的カウンセリング …………………………… 119
　6.1　折衷的カウンセリングの考え方 …………………… 119
　6.2　折衷的カウンセリング4段階の技法 ……………… 120

第Ⅲ部　心理アセスメントと心理検査　　125
7章　カウンセリングと心理アセスメント（査定）…… 127
　7.1　心理アセスメントとは何か ………………………… 127
　7.2　心理アセスメントの方法 …………………………… 127
8章　心理検査の種類と方法 …………………………… 135
　8.1　知能検査 ……………………………………………… 135
　8.2　性格検査 ……………………………………………… 137
　8.3　職業興味検査 ………………………………………… 143

カウンセリング文献リスト ……………………………………… 144
人名索引 …………………………………………………………… 150
事項索引 …………………………………………………………… 151

第Ⅰ部

カウンセリングの概念とパーソナリティ

第1部では、①カウンセリングとは何かという問題、と②カウンセリングとパーソナリティとの関連について述べます。

「1章　カウンセリングとは何か」では、まずカウンセリングの定義について説明し、カウンセリングが一般にいわれている相談とは異なっていることをいくつかの例を出して解説します。

第2に、一般の人々が「カウンセリング」という言葉に対してどのようなイメージを抱いており、また「カウンセリング」からどのような言葉を連想するのかを調査結果をもとに紹介します。

第3に、初回の受理面接の内容とそれに伴う場面構成の意味とその重要性について具体的な例を出して解説します。

第4に、カウンセリングにおけるコミュニケーションと日常会話でのコミュニケーションの根本的な違いについて考察していきます。

第5には、カウンセリングの効用（効果）を具体的に述べ、さらにその反面としてカウンセリングにはいくつかの限界もあるということをも指摘します。

以上述べた事柄以外に、カウンセリングと心理療法の相違点、カウンセリングの歴史、カウンセラーの資質と態度などについて述べ、カウンセリングの全体的な輪郭を理解していきます。

「2章　カウンセリングとパーソナリティ」では、まずカウンセリングにとって、なぜパーソナリティ理解が必要であるかを、クライエントの理解とカウンセラーの資質という点から考えていきます。

第2に、パーソナリティ一般の問題として、パーソナリティの類型論と特性論、パーソナリティの形成、文化とパーソナリティについて解説します。

第3に、カウンセリング場面によく生起する葛藤や欲求不満さらに欲求不満耐性の問題について理解を深めます。

1 カウンセリングとは何か

1.1 カウンセリングの定義

　カウンセリング（米語では counseling，英語では counselling）の語源を調べてみると，その語幹にあたる counsel はラテン語の counsilium（会議，忠告，相談）であり，古代フランス語では counseiller（相談する，助言する）です。そして現在でも形の上では語源の意味は継承されています。

　カウンセリングの定義は，その理論的背景によって，さまざまですが，基本的には次のように定義することができます。

　「カウンセリングとは，適応上の問題を持ち，その解決に援助を必要とする個人（**クライエント**）と，専門的訓練を受けた助言者（**カウンセラー**）とが面接（言語的および非言語的コミュニケーション）し，それによってクライエントが自己理解を深め，積極的で建設的な意思決定ができ，自発的な行動がとれるようにする問題解決のための専門的援助過程である。」

　カウンセリングは相談，相談助言，相談面接などと訳されることがありますが，これらは必ずしもカウンセリングの意味を正確に表現しているとはいえません。それは，私たちが日常しばしば経験する相談とカウンセリングとは，形式的には類似していますが，その構造と内容は，まったく異なったものだからです。

カウンセリングは，原則的にカウンセラーとクライエントが面接室で1対1で対面し，何らかの話題のもとで対話をすることによって進行します。この形式は，私たちが友人に何か相談にのってもらう場面と類似しています。

しかし，カウンセリングは普通の相談とは根本的な点でまったく異なっています。

まず第1に，カウンセリングにおける面接は，明確に構造化されるという点です。

初回の面接（インテーク面接）でクライエントの主訴が明らかになり，ケースとして受理されると次回からの日時が決められます。カウンセラーは，この時間に面接室でクライエントと会い，何らかの理由がない限り，それ以外の時間や場所で会うことはありません。

第2に，カウンセラーはカウンセラーの役割やカウンセリングの可能性と限界を適切な表現でクライエントに伝えます。

クライエントは最初，カウンセラーから解決法を与えてもらえるのではないかといった期待を持って現れます。しかしながら，カウンセリングにおいては，問題解決をするのはクライエント本人であって，カウンセラーは，クライエント自身が問題に直面し，解決法を見出していくプロセスにともに関わり，援助していく存在です。

第3に，クライエントは，どのような話題をどのように話しても，決して批判されたり，カウンセラーの意見を押しつけられたりしない雰囲気の中で対話します。

カウンセラーは，クライエントの語ることを，真剣に傾聴し，認知的レベルだけではなく，感情的レベルまでも共感的に理解していくのです。

クライエントは，このような面接場面の中で，今まで気づかなかった，ありのままの自分や，ありのままの現実に気づくようになっていくのです。

ところで，人はそれぞれ個性を持ち，それぞれの目標に向かって成長し，

人生を生きています。教育やカウンセリングの仕事は，人の歩みを援助する働きです。自分のあらゆる問題を独力で解決できる人はほとんどいません。私たちは，何らかの形で，他人を必要とし，援助的な関係を必要としています。

適切な援助とは何であるか，どのようにしてなされるべきかという問題は非常に難しいものです。援助をしすぎると過保護につながってしまいます。しかし，援助をまったく与えられないと，問題解決ができずに重大な事態を招くことにもなります。援助は，援助を受ける人によって，その人が自主的に選んだ方向においてなされるべきです。

1.2 「カウンセリング」という言葉のイメージと連想語

筆者は大学でのカウンセリングの初回の授業で，学生に次のような質問をし，答を自由に書いてもらいました。

「カウンセリングという言葉から，あなたは何をイメージしますか？またカウンセリングから連想する言葉を書いてください。」

自由回答ですので，回答は多種多様となり，実際のカウンセリングに近いイメージを持っている人，またまったく見当違いのイメージを持っている人もいました（**BOX1.1**，**BOX1.2** 参照）。

この調査結果が示すようにカウンセリングに対するイメージとカウンセリングから連想する言葉は，個人差が大きく多岐にわたっています。

実際のカウンセリングに近いことをイメージしたり，連想したりする人は意外に少なく，誤ったイメージや見当違いのイメージを持っている人が多くいます。

また，「精神科の医師が行うもの」「重い心の病気」など心理学的という

BOX1.1 カウンセリングのイメージ

1. 人の思っていることを聞いてあげることによって，その人の心の問題を解く手伝いをする。
2. 精神科の医師やカウンセラーが行うもの。
3. 医学的で重いイメージ。
4. かっこいいイメージ。
5. 精神分析のカウンセリングを思い浮かべる。
6. 心の病を治してくれる心のお医者さん。
7. 病院の精神科などで受ける治療。
8. 人間性のある仕事。
9. 気軽に受けることができない。
10. カウンセラー側が優越の立場に立つ。
11. お金がかかる。
12. 機会がないとなかなか行けない。
13. 時間がかかる。
14. 何でも見透かされているようでいやだ。
15. 一種の浄化作用を引き起こすもの。
16. 遠い世界に存在するもの，近寄りがたい。
17. カウンセリングを受けて，お金を払うという感覚が理解しにくい。
18. カウンセラーというのは医者ではなく，母親のような感じ。
19. 精神分析の一歩手前の段階。
20. 悩み事の相談。
21. 落ち着いた雰囲気の緑やベージュという色のイメージ。
22. 現代社会の中で人々から，今もっとも関心を持たれ，必要とされてる分野。
23. これからの時代，カウンセリングは不可欠になってくる。
24. 医者のように治療するのではなく，人の話に耳を傾けるだけ。

25. カウンセラーは辛抱強くなければならない。
26. 内面的な話合いの持てること。
27. 自分が困ったときのはけ口となる場所。
28. 手軽にできる治療。
29. 悩みや問題に対する精神的な治療。
30. 信頼関係が必要である。
31. 言語，会話によって悩み，問題が解決されるもの。
32. 健康な人には必要ないというイメージがある。
33. 話合いで解決していく。
34. 解決するための糸口を見つける。
35. 答，アドバイスをもらうというより，きっかけをもらう場所。
36. 人間関係が複雑になるので，カウンセリングは増える。
37. 受けるまで勇気がいる。

よりも医学的なものを連想する人もいます。

　さらに，カウンセリングに対して肯定的なイメージを持っている人と，否定的なイメージを持っている人に分かれます。

　肯定的イメージとしては，たとえば「人間性のある仕事」「カウンセラーは母親のような感じ」「必要とされる分野」「これからカウンセリングは不可欠になる」などです。

　それに対して否定的イメージとしては「近寄りがたい」「カウンセラーが優越の立場に立つ」「お金と時間がかかる」「何でも見透かされているようでいやだ」「お金を払うという感覚が理解できない」などです。

　このように，カウンセリングという言葉は現在一般化し，誰でも知っている言葉とはなりましたが，実際のカウンセリングに関する認識はまだまだ不十分であるということが理解できます。

BOX1.2 カウンセリングから連想する言葉

1. 難しい
2. 生きる
3. 幸せ
4. 人生相談
5. 心
6. 問題解決
7. 対話
8. 精神病
9. 暗い
10. 精神的に弱い人
11. 人生
12. 悩み相談
13. 心の病気
14. 自閉的な人
15. 深刻
16. 重い心の病気
17. 精神相談所
18. ケースワーカー
19. 都会
20. 避けたい場所
21. 重い
22. 現代病
23. 身近でない
24. 話し相手
25. 心理療法
26. 受容
27. 聞く姿勢
28. 開放
29. 道草
30. 堅苦しい
31. ボランティア活動
32. 言葉による精神安定剤
33. 人間理解
34. 人生の立て直し屋さん

1.3 受理面接（インテーク・インタヴュー）

　一般にカウンセリングは，事務的な受付，受理面接，面接相談という段階をとって進められます。

　初めてクライエントが訪れた日には，まず事務的な受付をするのが一般的です。事務的な受付では，まずクライエントに申込み用紙を渡し，記入してもらいます。

　記入してもらう事柄は，氏名，住所，電話番号，年齢，職業，相談したい内容などですが，これらは相談室によって多少違いがあります。

1.3 受理面接（インテーク・インタヴュー）

受理面接では，カウンセラーはたとえば「どうしましたか？」というような簡単な質問をして，クライエントに自分の言葉で問題を話してもらうようにします。

またこれは最初の面接なので，クライエントは自分の気持ちを伝える心の準備が，まだできていないかもしれません。またカウンセラーに対して本当に信頼できるのかどうか迷っていることもあるでしょう。したがって，受理面接では，カウンセラーはクライエントに対して「詮索する」という態度は適当でありません。この場合は，カウンセラーはクライエントが話す気持ちになるまで待つか，あるいはクライエントの迷っている気持ちを受け止める姿勢が大切です。

受理面接には，大きく分けて2つあります。詳細な聴きとりをする場合と，必ずしも詳細な聴きとりをしない場合があります。それは，それぞれ後に続くカウンセリングの考え方によります。しかし後者の場合でも，どういう問題なのかを大まかにでも聴きとることは必要です。少なくとも，クライエントの問題が，その機関あるいはカウンセラーが扱える問題かどうかを考慮しなければなりません。また複数のカウンセラーがいる場合には，担当のカウンセラーを決めるためにも受理面接は大切です。

ところで，受理面接では，次の点を明らかにしようとします。
(1) 何を問題として訴え，解決したいのか。
(2) どこにいるとき，その問題が現れ，そのときどんな気持ちだったか。
(3) いつからその問題が始まっていて，いつまでに解決したいのか。
(4) 誰と一緒にいるときその問題が起きるか。
(5) なぜその問題が起きたのか，その問題の意味とは何か。
(6) その問題はどんな形でクライエントに影響を与え，クライエントは，その問題にどのように対応し，どのように解決しようとしてきたか。

このような点を受理面接で無理に明らかにする必要はありません。初回の面接で以上の質問をされると抵抗を感じるクライエントもいるからです。

ところで，受理面接を効果的にする手続きとして，以下の点があげられます。
(1) クライエントの言葉をできるだけそのまま記録する。
(2) カウンセラーが自分の判断を付記する。
(3) 指示したことなどを具体的に記録する。
(4) 非言語的表現（服装，話し方や印象）を記録する。

受理面接では後に続くカウンセリングに役立つ内容が聴きとれていなければなりません。受理面接の目的は，クライエントの問題（主訴）とその経過について聴きとることにあります。この場合，クライエントの問題を客観的に把握して，それに応じて処置をするという発想ではないので，とくに時間をかけて詳細に行うという性質のものではありません。

1.4 場面構成（カウンセリングの準備）

カウンセリングを始める最初の段階で，どのような準備が必要かを考えてみましょう。

カウンセリングを通して，クライエントへの援助を開始するには，まず慎重な事前の準備から入っていくことが大切です。準備が十分に整っていない状態では，カウンセリングの進展に円滑さが欠けてしまうこともありますので，注意する必要があります。

「**場面構成**」は，カウンセリングにおいて一般にどのようなことが行われ，またどのようなことが期待されるのか，クライエントはどのようなことをすればよいのか，またカウンセラーはどのような役割を持っているのかということについて，カウンセリングの最初に説明し，その後のカウンセリングの過程を円滑に進行させようとする技術です。クライエントにうまく場面構成がなされることは，とりもなおさず，好ましいカウンセリング関係の確立につながっていきます。

ここでは，一般的な場面構成のいくつかについて述べましょう。
(1) カウンセリング面接の場所（安心できる場所）を設定すること。
(2) 互いにとって，都合のよい日時を決めること（例：毎週水曜日の午後1時から2時）。ここで，今後のだいたいの面接回数と頻度，1回の面接時間（一般には1回の面接時間は，50～60分程度）。
(3) カウンセリングに必要な費用について取決めをすること（カウンセリングの費用は，カウンセリングの効果と関連がある）。
(4) 相談された内容は一切秘密が保持されること（カウンセラーには守秘義務がある）。
(5) カウンセラーは，どういう役割と責任を持ち，どういうことをクライエントとの関係の中で考え，行おうとしているかをクライエントに伝えること。
(6) カウンセラーは，クライエントに対してクライエント自身が話したいことを話し，クライエント自身が自分のペースで自分の問題について解決していく場であることを伝えること。

しかし，これらを一度に全部クライエントに伝えるわけではありません。もっとも大切な点は，カウンセリング場面の主導権はクライエント側にあり，クライエントが自由に振る舞ってもよい場であることを理解してもらう点です。

1.5 カウンセリングにおけるコミュニケーション

カウンセリングにおけるコミュニケーションは，言語による場合（バーバル・コミュニケーション）と言語によらない場合（ノンバーバル・コミュニケーション）があります。

カウンセリングでは一般にカウンセラーとクライエントとの言葉のやりとりが中心となっています。「ええ」「うん」「そう」「結構ですね」という

ような言葉を繰り返すだけで，クライエントの決心や行動の変化に影響を与える場合も少なくありません。カウンセラーは，クライエントに対して，その場面でのふさわしい応答をすることが大切となってきます。もちろん，乳児や幼児には一般のカウンセリングは言語的に無理ですので，プレイセラピー（遊戯療法）を行うことが多いです。

　言葉によらない場合は，表情，笑い声，泣き声，服装などが影響を与えます。

　また最近では，カウンセラーとクライエントとの距離や方向などが注目されています。2人の距離は近すぎてもいけないし，あまり遠くなってもいけません。テーブルをはさんで，互いに自然になれる距離が適切です。

　人と人との距離感（パーソナル・スペース）もそれぞれの民族や文化によって異なっており，一般に話し合う場合には，ラテン系（イタリアやスペイン）の人々や南米の人々の対人距離は30cmくらいまで接近し，それを適度と考えています。またアングロ・サクソン系（英国や北米）の人々は1mくらいを適度と考え，日本人もその傾向が強いです。

　アメリカのカウンセリングでは，まなざし（アイ・コンタクト）が強調されていますが，対人恐怖症的な傾向を多少持っているといわれている日本人には，あまりじっと見つめられると圧迫感を感じやすくなります。アメリカでも10秒以上見つめることは，「受容」よりも「攻撃」の意に変化するといわれています。

　「うなづき」や「あいづち」は「注意深く聴いている」という態度をクライエントに伝えることができます。またクライエントの発言の内容を承認し強化するという意味があります。

　場面にふさわしい表情の変化や感情の表現は「共感的に理解している」ということをクライエントに伝えることができます。つまり一緒に笑ったり泣いたりすることも，感情的体験を共にするという点で意味があります。

　身振りは，おおげさにならず，ゆったりした姿勢や態度（リラックス状

態）が大切です。ここでは，二重拘束コミュニケーション（ダブル・バインド・コミュニケーション）になってはいけません。二重拘束コミュニケーションというのは，身振りと言葉に矛盾がある場合をいいます。たとえば，「どうぞゆっくりしてください」といいながら，時計を何度も見れば，これは早く帰ってほしいということを無意識に伝えていることになります。

非言語的コミュニケーションでの悪い例は以下のような態度を示すことです。
(1) ほとんど身体を動かさないで，堅苦しい態度を示す。
(2) クライエントから遠く離れたり，近すぎる距離をとる。
(3) クライエントのまなざしを避けたり，うつむいたりする。
(4) 身体の動きが大きかったり，身振りが多く落ち着かない態度をとる。

言語的コミュニケーションでの悪い例は以下のような話し方をすることです。
(1) 話にまとまりがなく，中途半端でそっけない応答で終わる。
(2) 話が断続的に繰り返される。
(3) 反射的に話すだけで心がこもっていない。
(4) 言葉数が多く，しばしば多弁になりすぎる。
(5) 話がくどく，繰返しが多く使われる。
(6) カウンセラーの応答の長さが，クライエントの発言よりも長くなる。
(7) 話す速さが速く，言葉と言葉，話と話との間に間をおくことがない。
(8) 声の調子が，かん高く，大きい。
(9) 話題をくるくる変える。

1.6 日常会話でのコミュニケーション

言語によるコミュニケーションは，一見共通理解ができているように見えて，実は内容理解に相違がある場合が多いものです。人は同じ言語は同

じ内容を示すと思って言語を使いますが，しかし，それはその人の生活の背景や文化によって異なることが大いにあります。たとえば，通じていると思ったことが，実際には通じていなかったりします。あるいは，この意味でいったことが別の意味に受け取られたりする。便利な言語にも落とし穴があるのです。

ここでは，日常会話でのコミュニケーションの特徴について述べます。

1. 会話のスピードが速い

2人が共に会話に切れ目が入らないようにしようとするために，次々と話題を相互に提供します。そのためスピードが速くなり，沈黙が少なくなります。沈黙が続くと気まずい雰囲気になると思うからでしょう。

2. 話題（話材）の転換が速い

1つの話題が長く話されることは少ないです。一方が語った内容に対し，他方が連想した話題を提供し，次々と話題が転換します。一種のしりとりゲームのように話題が変わっていきます。

3. 無難な話題になりやすい

いわゆる無難な話題が選ばれます。共通の過去の経験，共通の知人の話，スポーツや音楽など趣味の話題が選ばれます。2人が親しくなれば，自分のことや家族のことなどが語られることもあります。

4. 相互性が欠如する

両者とも話すのですが，両者とも相手の話を聞かないで自分の話をするような状況になり，一方的な会話になりやすいです。

5. 情緒的コミュニケーションになりやすい

情報の伝達といった認知的コミュニケーションは少なく，2人が楽しく会話をすることによって，仲間感情が形成されればよいというものです。沈黙が少なくなり，楽しそうな笑いが多くなり，いわば会話を楽しむということが目標となります。

1.7 カウンセリングの効用と限界

　カウンセリングにはどのような効果があり，またその限界として何があるのでしょうか。

　カウンセリングは現在，社会のあらゆる分野で活用され，また期待されています。カウンセリングの結果，何をもって効果があったとするか，あるいはなかったとするかは，一概に判断しにくいものがあります。その理由は，その成果が外から見えにくく，わかりにくいことが多いからです。どこまで問題を解決すればよいのか決めにくく，成果を測定し，評価する視点や方法が絞りにくいからです。

　成果の判断については時間の観点もまた必要です。カウンセリングは必ずしも即効性を持つわけでもないので，その成果がすぐには見られません。時間の経過とともに後になってその成果がわかるという場合が多いのです。それは，教師や親の意見が後になって役に立ったというような教育の成果と似たところがあります。

　カウンセリングの効果を評価する上で，一つの客観的指標となるのが問題の解決です。問題の多くは面接初期にクライエントから主訴として述べられますが，それはまたクライエントがカウンセリングを受けたいと思う理由でもあります。したがって，主訴が解決できたかどうかはカウンセリングの効果を評価するための重要な決め手となります。

　クライエント側から見たカウンセリングの効果の中でもっとも重要なのは，クライエント自身の中で問題が解決した，あるいは問題が改善されたと認知されることです。たとえば，心身症状の改善，葛藤の解消，自信の回復，適性・能力の把握，目標の明確化等ができるようになったことをクライエント自身が確信できることです。

　カウンセラーが効果があったと感じていても，クライエントが結果として効果を感じていない場合もあり，カウンセラーが効果を感じていないの

に，クライエントが満足している場合もあります。このように，カウンセリングの効果の判断は非常に難しい面があるので，慎重に考慮しなければなりません。

カウンセリングの限界については，カウンセラー側の限界とクライエント側の限界が考えられます。またカウンセリングでは解決できない問題も少なくありません。

カウンセラー側の限界としては，たとえば専門的な知識や技術に欠けているカウンセラーは，主訴が把握できなかったり，見立てを誤ったりしやすい点があります。また時には，ラポール（カウンセラーとクライエントの間の信頼関係）が形成できなかったり，クライエントを受容できなくて好ましいカウンセリング関係を成立させられないという場合もあります。さらに，カウンセラーが自分の理論や技法に固執し，どんなクライエントのどんな問題にもそれを当てはめようとすると，カウンセリング関係がだめになったり失敗したりします。

クライエント側の限界としては，クライエントがカウンセリングに無理やり連れて来られたり，クライエントがカウンセリングに期待していなければ，カウンセラーのクライエントに対する対応は難しくなります。カウンセリングは，クライエントが意欲，問題意識，積極的姿勢を持たないと成立しにくく，また成功は難しいものとなります。

またカウンセリングはカウンセラーとクライエントの相互のコミュニケーションによって成立しますので，クライエントにある程度の理解力，表現力がなければ，カウンセリングは進まず成果が上がらないことになりかねません。

以上のことから，カウンセラーは常に自分自身の限界をわきまえ，同時にカウンセラーとしての資質向上の努力が必要とされます。また，カウンセラーは，自分の能力，知識範囲を超える問題の場合，適切なリファー（専門的機関への紹介）を行う判断力を身につけなければならないのです。

1.8 カウンセリングと心理療法（サイコセラピー）

カウンセリングと心理療法の間には共通点もありますが、基本的には、それらの歴史、対象、目的など異なった面が見られます。

アメリカ心理学会（APA；American Psychological Association）では、カウンセリングを扱うカウンセリング心理学の部会と、心理療法を扱う臨床心理学の部会は別の部会となっており、交流もあまりありません。

日本でも日本カウンセリング学会と日本心理臨床学会では、それぞれ別の活動をしています。

また、アメリカではカウンセリングを行うカウンセラーと心理療法を行うセラピストでは、教育や訓練が別々になされています。

分野で考えてみると、教育、産業などの分野では「カウンセリング」と呼ぶことが多く、また精神医学や医療の分野では「心理療法」と呼ぶことが多いようです。なお、「サイコセラピー」の訳は「心理療法」と「精神療法」の2つがありますが、心理系の人は「心理療法」という用語を使い、医学系の人は「精神療法」を使うことが比較的多いようです。

歴史的に見ると、それぞれ異なった歴史をたどっています。

20世紀に入って、アメリカのボストン地区の学校にパーソンズ（Parsons, F.）を中心とするガイダンス運動が進められました。これは進路相談や就職相談の活動でした。一般にこれをカウンセリングの起源と見なされています。

また、1939年にミネソタ大学のウィリアムソン（Williamson, E.G.）が"*How to counsel student*"を刊行し、この本は「カウンセリング」を初めて書名に用いた出版物として知られています。

それに対して、心理療法の起源は、18世紀中頃から後半の時代に求めることができ、オーストリアのメスメル（Mesmer, R.）の催眠療法の活動が最初とされます。またピネル（Pinel, P.）らの精神病患者に人道的な扱

いを行うという精神病院の改革運動も心理療法成立に大きな影響を与えました。

19世紀末から20世紀にかけて，精神分析のフロイトが治療の活動を始め，ここで初めて心理療法の理論が形成されたのです。

カウンセリングの対象となる人は，健常者ではありますがふだんの生活や行動の上で，不適応状態に陥っている人です。したがって，カウンセリングは医療的あるいは治療的な行為とはいえません。それに対して心理療法の対象者は，基本的には何らかの精神的障害を持った人たちです。

カウンセリングで扱う問題は，人生問題や人間関係の問題などが多いです。それに対して心理療法では病理的な問題を主に扱います。

カウンセリングと心理療法の考え方の立場は基本的には異なります。カウンセリングでは，クライエントの可能性を見つけ，それをどう活かすか考える成長モデルの立場に立っています。心理療法では，患者の欠損や障害部分を見つけ，それをどう治すかを考える医療モデルの立場に立っています。

ところで，カウンセリングに類似した言葉として，「コンサルテーション」があります。コンサルテーションの主な機能は，専門的知識にもとづく情報の提示です。そのため，助言者（コンサルタント）に主体性があり，助言者の知識や経験，価値観をもとに指導した問題解決が主眼となります。それに対して，カウンセリングでは，主体はクライエントであり，カウンセラーはクライエントの気持ちに添って理解しようと努めます。それは問題解決だけが目的ではなく，人間的成長を目指しているからです。

1.9 カウンセリングの歴史

ここではアメリカと日本のカウンセリングの歴史について概観します。

1.9.1 アメリカにおけるカウンセリングの歴史

　アメリカにおけるカウンセリングは，一般にパーソンズによって始められた職業指導運動が最初とされます。彼は，1908年にボストン職業局の開設に貢献しました。パーソンズは職業指導の過程を従来の経験や勘に頼るのではなく，科学的，能率的に進めようとし，次の3つの段階を重視しました。

　第1には，適性，能力，性格といった個人の分析です。第2に，ある職業にとってどのような人の条件が必要かという職業の分析，第3に個人と職業との統合の問題を分析しました。つまりこれは適材適所の職業指導の始まりということができます。

　そして，その翌年の1909年には，ボストンの各小・中学校にカウンセラーが配置されるに至り，このような傾向は急速に全米に広まっていきました。つまり，約100年前にアメリカのボストンでは小中学校にカウンセラーが設置されたのです。

　カウンセリングの発達に大きな貢献をした運動に心理テストを中心とした教育測定運動があります。

　1916年，ターマンとメリルによって作成された「スタンフォード・ビネー検査」は大規模な集団について基準をつくり，かつ「知能指数」による表示法を用いたので，著名なものとなりました。この検査には120個の問題があり，3歳から成人までの知能の測定が可能となりました。その後，多くの職業適性検査，職業興味検査，性格検査が開発され，カウンセリングの資料として，各種検査が重視されるようになりました。

　カウンセリングの歴史の中で，もう一つ大きな影響を与えたものに精神衛生運動があります。

　1909年に精神衛生協会が設立され，精神病院の患者の待遇改善や精神的健康の維持と予防が着手されました。

　その後，産業界でも作業条件や能率向上の研究が重視され，とくにウェ

スタン・エレクトリック社のホーソン工場での実験は有名となりました。この実験は能率向上のための作業条件や休憩のとり方などの改善を目指したものでした。この実験で能率向上に一番効果を及ぼしたのは，人間関係の向上と不平不満のはけ口づくりでした。これによって，多数の勤労者の面接計画が立てられ，カウンセリングの道が開かれました。

臨床的カウンセリングでは，ミネソタ大学のウィリアムソンが学生のためのカウンセリングを初めて体系化しました。彼は心理学の成果を生かし，科学的，臨床的なカウンセリングの方向を展開し，具体的な方法として，学生から進路等に関しての十分な情報を収集し，学生の心理的な面を測定，分析し，問題点や可能性を診断しました。そのため，彼のカウンセリングは指示的，臨床的カウンセリングといわれています。

1942年にロジャーズは"*Counseling and psychotherapy*（カウンセリングと心理療法）"を著しました。この本で，彼は従来のカウンセリングでは，カウンセラーがクライエントの問題を診断し，助言を与えているので，カウンセラーが主導権を持っています。それはカウンセラーが中心となっていて，指示的であると批判しました。そこで彼は，非指示的カウンセリング，クライエント中心カウンセリングの重要性を主張しました。現在彼のカウンセリング理論は，カウンセリングの世界で十分に受け入れられており，カウンセリングの歴史の中で大きな影響力を持っています。

1951年にアメリカ心理学会の第17部門に「カウンセリング・ガイダンス部会」ができ，1953年には「カウンセリング心理学部門」と改められました。このようにして，カウンセリング心理学は応用心理学の一部門として独立することになりました。そして，一つの専門職としての仕事に従事する人は「カウンセリング・サイコロジスト」と呼ばれるようになり，1954年には，季刊の「カウンセリング心理学雑誌」という専門誌が学会で創刊され，また翌年の1955年には，カウンセリング心理学者の免許も発行され始めました。

1.9.2 日本におけるカウンセリングの歴史

日本におけるカウンセリングは，第2次世界大戦後にアメリカの影響によってその必要性が勧告され，さまざまな改革の中で促進されてきたといえます。

戦後間もなく，1952年（昭和27年）から1953年（昭和28年）にかけて大学の厚生指導に関して，アメリカからロイド（Lloyd, W. P.）博士を団長とする教育使節団が日本に来ました。そして，京都大学，九州大学，東京大学で，それぞれ3カ月間，学生厚生補導研究集会が開催されました。そこでは，多彩なプログラムのもとに，学生厚生補導の新しいあり方が追究され，とりわけカウンセリングは大学教育で重要な役割を果たすものという認識がなされるに至りました。

これを契機として，1953年1月に，日本に初めての学生相談所が東京大学に設置されました。これは全国の大学に先がけて設置されただけに，モデルケースとして注目されました。

その後，国立大学では京都大学，山口大学，東北大学，名古屋大学などに，また私立大学では，立教大学，慶應義塾大学，学習院大学などにそれぞれ学生相談所（室）が開設されました。

このように，日本におけるカウンセリングの歴史は，大学の学生相談機関から始まったといえます。

1.10 カウンセラーの資質と態度

1.10.1 カウンセラーの資質

ロジャーズは"Counseling and psychotherapy（カウンセリングと心理療法）"（1942）の中で，来談者中心カウンセリングのカウンセラーの資質について次のようにいっています。

「人がすぐれたカウンセラーに成長するためには，備わっているべきいくつかの人格的特質がある。」

ここでロジャーズは，カウンセラーの資質は人間関係に感受性を持った人であり，他人の反応をあるがままに観察することのできる人であるといっています。そして次の4つの条件をあげています。

1. 客観的な態度

カウンセラーとして援助的であるためには，すべてのカウンセラーは客観的な態度を保持しなければなりません。カウンセリングの実践において，この客観的態度には，共感能力，誠実な受容的態度，相手に関心を持った態度，あるいは相手の感情を深く理解することが重要です。これらの事柄は，後に「共感的理解」と呼ばれるようになりました。

2. 個人に対する尊重

カウンセラーはクライエントを深く尊重し，クライエントをあるがままに受容していくことが大切です。これは後に「無条件の好意的尊重」と呼ばれるようになりました。

3. カウンセラーの自己理解

カウンセラーの人格的特性を構成する本質的な要因はカウンセラー自身の自己理解です。自分自身について正確な理解ができるということは，ひいてはクライエントについても正確に理解していけることを意味します。これは後に，「自己一致」「真実さ」と呼ばれるようになりました。

4. 心理学的知識を持っていること

カウンセラーは，人間の行動の理解，および人間の身体的・社会的・心理的条件についての理解が必要です。これらの理解が不十分であれば，満足できるカウンセリングができないことになります。

このように見てくると，ロジャーズの見解は，カウンセラーの資質が，その人の自己ならびに他人に対する見方や感じ方にあることを重視してい

ることがわかります。

1.10.2　クライエントに対するカウンセラーとしての必要な態度

　以前，獨協大学カウンセリング・センターでは，約 300 名のカウンセラーを対象として，調査を実施しました。

　その調査の中で，「カウンセラーはクライエントに対して，どのような態度が必要であると思われますか。箇条書きで御記入ください」という質問をしました。

　多くの回答が得られましたが，必要な態度として述べられた主な事柄は，以下の通りです（**BOX1.3** 参照）。

BOX1.3　カウンセラーとしての必要な態度とは？
（獨協大学カウンセリング・センターによるアンケートより）

※多少，重複したり，関連したりしている回答もあります。

1. 物理的に向かい合っているだけでなく，早い時期に心理的接触を持つように心がけること。
2. クライエントに対して，積極的に関心を持ち，また尊重すること。
3. 共感的に理解し，共感したことをクライエントに伝えること。
4. クライエントを束縛しない非所有的な温かさを持つこと。
5. クライエントの秘密は厳守することを，はっきりと伝えること。
6. クライエントの成長を援助する姿勢を持つこと。
7. クライエント自身の力で問題解決ができる方向で，カウンセリングに臨むこと。
8. パーソナリティ・テストを実施して，クライエントを理解するのに役立てること。
9. クライエントの自己決定を尊重し，信頼すること。
10. クライエントに対して偏見や先入観を持たないこと。

11. うなずき，あいづち等によって話の流れを促進すること。
12. 事柄を聴くとともに，クライエントの気持ち，感情を聴き，必要に応じて応答すること。
13. 指示的，解決的な表現はつつしむこと。
14. リラックスした態度で接し，温かく，なごやかで話しやすい雰囲気をつくること。
15. やさしい言葉づかいで接すること。
16. 終始，落ち着いた態度を保つこと。
17. クライエントに対して，無条件の肯定的配慮をしていること。
18. 親しみの持てる余裕のある態度で接すること。
19. 非言語的コミュニケーション（表情，しぐさ等）に注意を払うこと。
20. あるがままの自分として，クライエントに対応すること。
21. クライエントの気持ちをしっかりと受け止めること。
22. クライエントに対して，脅威や圧力を感じさせないようにすること。
23. カウンセラーは受容的態度で，クライエントを迎えること。
24. 積極的傾聴の姿勢で，クライエントの話をよく聴くこと。
25. クライエントが自分の気持ちを明確化できるように聴くこと。

　これらの態度は，基本的にはクライエント中心カウンセリングにおける条件と，かなり一致している面が見られます。すでに述べたロジャーズの4つの条件をもっと具体化したものと見ることができます。

1.10.3　カウンセラーとしての好ましいパーソナリティ

　カウンセラーとしての資質，カウンセラーとしての必要な態度，カウンセラーとしての好ましいパーソナリティは，かなり共通したところがある

表現ですが，多少ニュアンスの違いがあります。

ここでは，カウンセラーとしての好ましいパーソナリティについて，以前大学の学生相談室のカウンセラーを対象に筆者が調査した結果を述べます。

その調査で多く選択された対人関係に関わるパーソナリティは以下のようなものでした。

(1) 信頼できる人
(2) 相手の痛みのわかる人
(3) 安心できる人
(4) 温かみのある人
(5) 感受性のある人
(6) 人の気持ちのわかる人
(7) 人間が好きな人
(8) ユーモアのある人
(9) 明るい人
(10) 他人を肯定的に見られる人

これらの10項目を別の言葉で整理してみると，次のようになると思われます。

まずクライエントに興味，関心を持ち，クライエントが好きになるということです。そのためには，クライエントの気持ちを的確に理解し，感情的，独断的にならずに，自分の感情を適度にコントロールすることができることが大切です。

次に，飾り気のない気やすさ，自然な態度を持って，性格的に明るく生き生きとしていることが望まれます。

さらに，人の役に立ち，人から喜ばれるような態度，姿勢，つまり思いやりを持ってクライエントに接することが大切です。

私たちは自分が一人の人間として，またはカウンセラーとして，他人や

クライエントに対してどのような態度で関わっているか，上に述べた10項目を参考として一つひとつ点検してみることが必要です。そして，自己点検だけではなく，他者から点検してもらうことによって，さらに自己理解を深めていくことができると思われます。

1.10.4　5つの聞き方と態度

人の話を聞く場合，話を聞く人によってその聞き方や態度には大きな違いが見られます。すぐ質問する人，ただ「うん，うん」とうなずいている人，自分の考えをすぐ述べる人など，聞く人のパーソナリティがそこに反映されています。

ここでは「子どもの不登校に悩む母親」に対する聞き方と態度を例に，5つのパターンを述べます。

1. 調査診断的態度（直接的な質問）

相手の問題をもっと深く知って原因を探ろうとする聞き方です。そのため話合いを進めていき，原因を調べるために詮索，尋問します。

「何か思い当たる出来事がありませんか？」

2. 解釈的態度（教示，説明）

相手が述べていることを聞き手の解釈によって教えたり，行動の因果関係を説明したり，時には相手の考えるべきことを暗示します。自分の見方で意味を説明する態度です。

「不登校になったのは，あなたの育て方に問題がありましたね」

3. 評価的態度（非難，訓戒，説得，説教）

善悪，正否などの基準に照らして判定，評価しようとする態度です。相手の行動を抑えようとする傾向が強いです。

「それはあなたが悪いんです」

4. 支持的態度（同情し，悩むことはないという）

そのように思う必要はないと慰めたり，激励したりする態度です。現状

を受け容れさせようとします。

「大変ですね。でも心配はいりませんよ」

5. 理解的態度（共感，受容）

相手の感情や考え方をそのまま理解しようとします。聞き手は相手の心の動きについていき，受け容れる姿勢を持ちます。

「ご心配の気持ち，よくわかります」

カウンセリングでは，クライエントの話を積極的に聴く（傾聴）姿勢が重要です。とくにクライエント中心カウンセリングでは傾聴が中心となっています。この5つの聞き方では，「5. 理解的態度が傾聴」に当たります。他のカウンセリング理論の技法でも，面接の当初は傾聴的な姿勢が大切であるとされています。

引用文献

Rogers, C. R. (1942). *Counseling and psychotherapy*. Boston : Houghton Mifflin.
　（ロージャズ，C. R. 佐治守夫（編）友田不二男（訳）(1966). カウンセリング　ロージャズ全集第2巻　岩崎学術出版社）

2 カウンセリングとパーソナリティ

2.1 カウンセリングにとってのパーソナリティ理解の必要性

　人の行動の特徴を表す言葉として，心理学では**パーソナリティ**という言葉が使われています。この言葉は，性格，人格，気質，キャラクターという言葉とほぼ同じ意味を持っています。

　このパーソナリティという言葉は，私たちが人を理解しようとするとき，非常に重要な概念の一つです。

　日本では戦後，アメリカ心理学の強い影響を受けて，パーソナリティという言葉がかなり使われてきています。

　パーソナリティの語源は，ラテン語のペルソナ（Persona）で，古代ギリシャ時代に俳優が劇を演ずる際につけた仮面を意味しています。したがって，パーソナリティという言葉は，見かけの，目に見える表面的な性質を暗示していると考えられますが，現代の心理学では，「パーソナリティとは，個人の独特の行動様式で，まとまりと一貫性があり，持続性を持っている」と考えられています。

　カウンセリングは，人と人との関係であり，ここでは，まずカウンセラーがクライエントを理解することから始まります。クライエント自身がどのようなパーソナリティであり，どのような態度や考えを持っているのかを理解する必要があります。

　カウンセリングの内容によっては，クライエント自身のパーソナリティ

から生じた問題も少なくありません。多くの問題はクライエントのパーソナリティやクライエントの考え方に関連しています。

そこで、カウンセリングを学習する中で、パーソナリティについて全般的に理解することが重要となってくるのです。

さらに、カウンセラー自身のパーソナリティも問題になります。カウンセラーにとって必要なパーソナリティ、あるいはカウンセラーにとって好ましくないパーソナリティがあります。

受容的で人の話をよく聴いてくれる人はカウンセラーとして好ましいパーソナリティを持っていると考えられます。しかし、人に命令したり、自分の意見だけを主張する人は、カウンセラーとして好ましくありません。

どのようなパーソナリティの人がカウンセラーとして好ましいかについては、すでに1章の**1.10.3**で述べてあります。

ここでは、パーソナリティを理解するために、次にパーソナリティの類型論と特性論、パーソナリティの形成、文化とパーソナリティについて述べます。

2.2 パーソナリティの類型論と特性論

2.2.1 類型論とは

パーソナリティの**類型論**というのは、パーソナリティをいくつかの典型的な型（タイプ）で代表させることによって、その構造を明らかにすることです。

類型論は主としてヨーロッパで発達してきたものですが、精神の全体性、統一性を強調するドイツやフランスの人間学や性格学の考え方がその背景にあります。

類型論では、人間を「独自な全体」と考え、それをより小さな部分に分解できないものとして、全体的に人間をとらえようとしています。

ここでは，類型論の中でも有名なクレッチマー（Kretschmer, E.）とユング（Jung, C. G.）の類型論について紹介します。

2.2.2 クレッチマーの類型論

クレッチマーの類型論は，次のような考えによるものです。

クレッチマーはまず，当時内因性精神病として分類されていた「統合失調症」（日本では以前は精神分裂病と呼ばれていた）「躁うつ病」「てんかん」（現在は内因性精神病に入っていない）と精神病の患者の体型に一定の関連があることを見出しました。

体型については「細長型」「肥満型」「闘士型」「発育不全型」「その他」に分類しました。

次にクレッチマーは，「統合失調症」「躁うつ病」「てんかん」と診断された多数の患者の体型を調査しました。その結果，「統合失調症」の患者の半数は「細長型」の体型をしており，「躁うつ病」の患者の3分の2近くが「肥満型」の体型でした。また「てんかん」の患者には比較的「闘士型」と「発育不全型」が多いことを見出しました。

さらにクレッチマーは，正常の人のパーソナリティにも「統合失調症」「躁うつ病」「てんかん」の患者に見られる気質的特徴が存在していると主張しました。そして彼は，これらの精神病に見られる気質を「**分裂気質**」「**躁うつ気質**」「**粘着気質**（てんかん質）」とそれぞれ名づけました。

各気質の特徴は以下の通りです。

1. 分裂気質の特徴
(1) 一般的特徴……非社交的，静か，控え目，きまじめ，変わり者。
(2) 精神の敏感さ……臆病，はにかみ屋，傷つきやすい，神経質，興奮しやすい，自然の友，書物の友。
(3) 精神の鈍感さ……従順，お人よし，温和，無関心，鈍感。

2. 躁うつ気質の特徴

(1) 一般的特徴……社交的，善良，親切，温かみがある。
(2) 躁状態……明朗，ユーモアがある，活発，興奮しやすい。
(3) うつ状態……もの静か，穏やか，気が重い，柔和。

3. 粘着気質の特徴
(1) 粘り強く，1つのことに執着して変化したり動揺したりすることが少ない。
(2) 几帳面で秩序を好む。
(3) ものの思考や説明が細かすぎて，まわりくどい傾向がある。
(4) 約束や規則は守り，義理堅く人に対する態度はきわめて礼儀正しい。
(5) 普段はおとなしいが，時に爆発的に怒り，自己の正当性を主張する。

　以上がクレッチマーの類型論ですが，このような類型にぴったり当てはまる人もいますが，多くの人は混合型であったり，中間型であったりする傾向が見られます。

2.2.3　ユングの類型論

　ユングの類型論は，次のような考えによるものです。
　ユングはまず，**外向型**，**内向型**の2つのパーソナリティ類型を提唱しました。外向型の人は外部の刺激に影響を受けやすい傾向があります。そのため外界に関心を持ち，常に外界の要求に応じて外界との調和を試みています。
　外向型の人は社交的で，考えるよりも行動することを好み，陽気で劣等感はあまりありません。常識的で，よくはしゃぎ，冗談をいいます。感情の表出は活発で決断が速く，統率力があります。新しい友人を次々につくるといった積極的なタイプです。
　内向型の人は外の世界よりも自分自身の内面に関心を集中させています。そのため，何事にも控え目で思慮深く，物事にためらいがちで，行動する前に迷ってしまって，行動を遅らせてしまう傾向があります。

ユングは外向型，内向型という類型とともに，精神の主な機能として，思考，感情，感覚，直観という4つの機能類型を考えました。
　思考機能は，論理的，合理的，正しいかどうかで判断する機能です。
　感情機能は，理屈よりも気持ちを大切にし，気分で物事を判断する機能です。
　感覚機能は，事実をよく観察し，新しいことよりも経験を大切にしようとする機能です。
　直観機能は，全体的に物事をとらえ，将来の可能性を大切にしようとする機能です。
　ユングは，すでに述べた外向型，内向型とこれら4つの心理的機能を組み合わせて，①外向的思考型，②内向的思考型，③外向的感情型，④内向的感情型，⑤外向的感覚型，⑥内向的感覚型，⑦外向的直観型，⑧内向的直観型の8つの類型を提唱しました。
　以上がクレッチマーとユングの類型論ですが，類型論は人を型にはめるということよりも，典型的なタイプを通して人を理解していくという意味が大きいと考えられます。

2.2.4　特性論とは

　類型論と並んで，パーソナリティの構造を理解する理論として，パーソナリティの**特性論**があります。
　パーソナリティの特性論は，主としてイギリスやアメリカで発達してきました。
　パーソナリティの特性論では，パーソナリティをいくつかの類型に分類する代わりに，パーソナリティをいくつかの共通した基本的単位に分類します。この基本的単位を特性と呼んでいます。特性論というのは，この特性をパーソナリティ構成の単位と見なし，特性の組合せによってパーソナリティを記述し，説明しようという立場をとっています。

基本的な特性の決定は具体的には次のような方法をとります。

まず国語辞典を調べてみると，人のパーソナリティについての用語がたくさんあります。たとえば，「社交性」「責任感」「指導性」といった名詞として表現されているもの，「温かい」「飽きっぽい」「明るい」「あさましい」といった形容詞で表現されているものがあります。これらのパーソナリティを表現する用語は主なものだけでも約2,000あります。

ある人のパーソナリティを表現したり，説明したりするときに，この約2,000の用語をすべて使って表現することは不可能です。

そこで，特性論ではこれらの用語の中から意味が類似した用語を集めて，それらを1つのグループ（特性）とします。

たとえば，「静かな」「おとなしい」「穏やかな」という表現はかなり共通しており，類似しています。これらの用語を同じグループのものとして決定していくわけです。

具体的な方法としては，多くの被験者にたくさんの性格用語を提示し，自分に当てはまるもの，当てはまらないものに分類してもらいます。その結果にもとづいて，相関分析や因子分析といった統計的な方法によって，いくつかのグループに分けていきます。

つまり，たくさんのパーソナリティに関する用語を，いくつかのグループに分けることによって，パーソナリティの用語の構造を説明しようとするわけです。

2.2.5　5因子論

今までに多くの特性論が提出されてきていますが，現在もっとも注目され，心理学会でもある程度認められているのが **5因子論**（ビッグファイブ）です。

5因子論では，①外向性，②協調性，③良心性，④情緒的安定性，⑤文化の5つの因子によって，パーソナリティを説明できるとしています。す

べてのパーソナリティの用語は，この5つの因子の中に入るという考え方です。

それぞれの因子の内容は以下の通りです。

1. 外向性

エネルギッシュ，社交的，断定的などのパーソナリティ特徴を内容とするものです。これと反対に内向性では，消極的，地味な，内気なといった特徴です。

2. 協調性

愛情のある，愛想のよい，信頼できるなどのパーソナリティ特徴を内容とするものです。これと反対に非協調性では，自己中心的，わがままな，怒りっぽいといった特徴です。

3. 良心性（誠実性）

責任感のある，几帳面な，計画性，能率のよさなどの仕事の仕方，衝動のコントロールなどのパーソナリティ特徴です。これと反対の用語としては，軽薄な，無責任な，意志の弱いといったものです。

4. 情緒的安定性

落ち着いた，冷静な，自信のあるなどの神経緊張のあり方と関連するパーソナリティ特徴です。これと反対の用語としては，心配症，悩みがち，動揺しやすいなどがあります。

5. 文化

想像性，文化的洗練，幅広い興味など，人の精神面の人生経験からつくられる深くて複雑なパーソナリティ特徴です。これと反対の用語として，無器用，鈍感な，視野が狭い，思慮深さがないなどがあります。

以上，類型論と特性論について述べてきましたが，これらの知識があることで，人を理解するときに，一つの規準となり，人を理解しやすくなると考えられます。

後に述べる性格検査（8章参照）は，類型論や特性論をもとに作成され

ています。

2.3 パーソナリティの形成
2.3.1 パーソナリティ形成の理論

　パーソナリティ形成の理論としては，①生得説，②経験説，③輻輳説，④層理論，⑤環境閾値説などがあります。

　生得説というのは，主にドイツやフランスでの理論で，人のパーソナリティは生まれつきのもので，人の遺伝的素質がその特徴の発達を規定し，環境によってほとんど変わるものではないとする考え方です。

　これに対して**経験説**は，主にイギリスでの理論で，人の心はもともと白紙で，生まれた後からの経験や，どのように育てられたかによってパーソナリティが決定されるという考え方です。これは白紙説とも呼ばれています。

　しかし，これら2つの理論は，現在の心理学では受け容れられていません。

　輻輳説は，ドイツのシュテルン（Stern, W.）によって提唱された考え方です。この理論によると，パーソナリティは生得的なものの単なる発現でもなく，また環境的条件の単なる受容でもなく，遺伝と環境の輻輳によって相互に作用しあって形成されるという立場です。

　層理論は，ドイツのゴットシャルト（Gottschaldt, K.）の双生児の研究から見出されたものです。この理論では，パーソナリティが知性的上層部と内部感情的基底層の2つの主要層から構成されていると考えられています。そして，知性的上層部は，内部感情的基底層に比べて，はるかに環境の影響が強く，これに対して内部感情的基底層は遺伝による規定性が強いと考えられています。つまり，知的能力よりも，情緒，感情，性格などのほうが遺伝による影響が大きいということをいっています。

環境閾値説は，ジェンセン（Jensen, A. R.）によって提唱されました。この理論では，環境の効果は，遺伝の働きと相互に影響しあっており，心理的特性はその種類によって環境の関連の仕方が異なっているというものです。つまり，遺伝にもとづく素質が環境からの働きかけの影響を受ける程度は，特性によって差があるという考え方です。

2.3.2 双生児による比較研究

ところで，パーソナリティの形成が遺伝によるものなのか，環境によるものなのかを研究する方法として，双生児による研究があります。

双生児には一般に1卵性の双生児と2卵性の双生児があります（ただし，まれには3卵性，4卵性といった多卵性もあります）。

1卵性の双生児は遺伝的には同一の個体ですので，2人の間に違いがあれば，それは環境の差によって形成されたものです。また2卵性の双生児の場合には，遺伝的に普通のきょうだいと同程度の差を持っていますから，2人の違いは遺伝と環境の両方の影響の結果となるわけです。そこで，ある特性が遺伝とまったく関係なく環境によってのみ規定されているとすれば，1卵性の双生児の間の類似度と2卵性の双生児の間の類似度は同じはずです。これに対して，すべて遺伝によって規定されるとすれば，1卵性の双生児の間には差がないはずです。

以上のような双生児による比較研究では，現在のところ，感受性，活動性，固有気分，心的テンポなどの諸特性に遺伝規定性がある程度認められています。

2.3.3 育児とパーソナリティ形成

次に親の育児方法や育児態度が，子どものパーソナリティ形成にどのような影響を持っているかについて考えてみましょう。

ここでは，フロイト（Freud, S.）とサイモンズ（Symonds, P. M.）の理

論について述べます。

乳児期の育児方法が，その後のパーソナリティ形成に大きな影響を及ぼすと考えたのは精神分析学派のフロイトです。

彼の考えは，乳児期の授乳の方法，離乳の時期や方法，排泄の訓練の仕方などの経験が，将来のパーソナリティを決定づけるというものです。

授乳に関しては，人工乳よりも母乳が好ましく，また決められた時間で授乳するよりも自己充足授乳（飲みたいときに飲ませる）が好ましいとしています。このいつでも乳児が飲みたいときに授乳する方法により，乳児は母親に対して愛情と信頼を持つようになり，安定したパーソナリティが形成されると主張しています。これは，母親と子どもの肌のふれあいが，子どもの健全な発達のために重要であるということを示しています。

フロイトはさらに排泄のしつけ（トイレット・トレーニング）についてもパーソナリティ形成に影響することを示しています。それによると，トイレに行くまで我慢する訓練を受けていない子どもは，金銭や時間についても抑制のできない人間になることが多いといっています。一方，厳格な訓練を受けすぎると，何でも几帳面にしないと気が済まない人間，あるいは強迫神経症的な人間になるといっています。

一方サイモンズは，親の育児態度を，子どもを支配するか，あるいは子どもに服従するかということと，子どもを保護するか，あるいは子どもを拒否するかということの2次元の座標で考えました。

まず，親が支配的な子どもは，礼儀正しく，正直ですが自意識が強いといっています。親が服従型の子どもは，従順でなく攻撃的ですが，独立心が強い傾向にあるとしています。

また，親に受け容れられている保護型の子どもは，拒否型の子どもに比べて社会的に望ましい行動が多く，情緒的にも安定していると述べています。

2.4 文化とパーソナリティ

2.4.1 ミードによる文化人類学調査

人のパーソナリティは時代や社会あるいは文化によって違いが見られます。

ここでは、文化人類学者のミード（Mead, M.）がニューギニアの3つの部族について調査した結果について紹介します。

ミードはこの調査で、文化がパーソナリティの形成に及ぼす影響を分析しています。

アラペッシュ族は、自己を主張しない、協力的、家族的、温和、親切といった特徴を持っています。両親ともに子どもの世話をし、厳しいしつけはほとんどしないで、子どもに対し寛大で溺愛的です。そして、男女ともに女性的で、男女差はあまりありません。

それに対して、かつては人食い人種として知られていたムンドグモール族は、自己を強く主張し、攻撃的、残酷、粗暴であるといった特徴があります。子どもはかごの中に入れて育て、子どもに対して拒否的で、厳しい罰を与えます。

またチャンブリ族では男女の役割が一般の社会に比べて逆になっています。女性は攻撃的、支配的、活発で、それに対して男性は女性に対して臆病で内気、劣等感を持ち、陰険で疑い深いといった特徴を持っています。

母親は授乳以外は子どもと接触しませんので、養育は主に父親が受け持ちます。

以上の3つの部族では、子どもの育児、しつけの方法にも違いが見られ、またパーソナリティの特徴にも大きな差が見られます。これらのパーソナリティの差は、各部族での子どもの育て方によるものだと考えられています。

2.4.2 パーソナリティの性差

次にパーソナリティの**性差**（男女差）について考えてみます。

私たち人間は，ある特定の文化の中で男あるいは女であることによって，その文化からとるべき行動が期待されていますし，ある程度規定されてしまっています。

自分が男である，あるいは女であるという認識は，すでに幼児期から持っており，男女それぞれに違った行動をしなければならないという共通の考えを持っています。

ところで，性差という場合，まず第1に生物学的性差があります。これは男女の生理的，身体的差異にもとづいています。たとえば，ホルモンや性器，体型などのように，生物学的な男女の差によって規定された性差です。

第2に，文化的・社会的性差があります。これは最近ジェンダーといわれているものです。すでに述べたミードの研究はこのことを明らかにしています。

つまり，私たちの社会で，男らしい，女らしいと考えている特性が，どの社会，どの時代においても共通に認められるとは限らないということです。男らしさ，女らしさの内容は著しく相違するということです。このことは，明治時代と現代を比較したり，日本人とアフリカ人を比較してみれば，容易に理解できます。つまり，男らしさ，女らしさは，その多くの特性が文化によってつくりあげられた社会的役割期待によるものであるといえます。

2.5 葛藤の理論

人の持つ欲求は複雑であるのが普通です。しかし，これらの欲求は，互いに競合しあう場合が少なくありません。このように，欲求同士が対立し

て，一方の欲求を満たすと，他方の欲求が達成できないというような状態をレヴィン（Lewin, K.）は「**葛藤**」と呼び，基本的なものとして次の3つの型に分類しました。

2.5.1 葛藤の種類
1. 接近―接近型の葛藤
　2つまたはそれ以上の欲求の対象が，ともに正の誘発性を持ち，両方ないしはすべて満足させたいが，同時にそれをかなえることができないような場合です。

　この型の葛藤は比較的解決が容易で，他の型の葛藤ほど深刻な苦悩に陥ることは少ないです。しかし，実際には選択した目標のほうが断念した目標よりも満足できなくて，時には動揺したり後悔することもあります。

　接近―接近型の例としては，次のような場合です。
(1)「2つの大学に合格し，どちらの大学に入学するか」
(2)「次の休日には，テニスをやろうか，ハイキングに行こうか迷う」
2. 接近―回避型の葛藤
　欲求の対象が同時に正と負の誘発性（あることが原因となりそれに誘い出されて他のことが起こること）を持つ場合で，「恐いもの見たさ」がこれです。

　また負の領域を通過しなければ，正の領域に到着できない場合もこれにあたります。

　この型の葛藤では，目標に近づくにつれて，正負の誘発性の強さがともに増大するだけでなく，出発点では正の目標の誘発性のほうが強いので接近しようとしますが，目標に近づくにつれて負の誘発性のほうがより急激に増大するので，接近傾向と回避傾向とのバランスのとれた位置で立ち往生します。そのため，情緒的に不安定になり，時には適応障害に陥ることもあります。

接近―回避型の葛藤の例としては，次のような場合があります。
(1)「会社に採用が決まったが，その会社は良い面と悪い面を同時に持つ」
(2)「虎穴に入らずんば虎児を得ず」

3. 回避―回避型の葛藤

2つまたはそれ以上の欲求の対象が，ともに負の誘発性を持ち，どれも避けたいが，それができないという場面です。

この葛藤では，決断するのに長い時間を要し，苦しい状態に陥ります。そのため，他の型の葛藤に比べて神経症的症状が現れやすいです。

回避―回避型の葛藤の例としては，次のような場合があります。
(1)「2つの会社に決まったが，両方とも気が進まない」
(2)「勉強はしたくないし，しないで親に怒られるのもいやだ」

2.5.2 葛藤と対処

葛藤には欲求と道徳的要請の間で板ばさみになる場合のように，自分で意識できるレベルのものがあります。また葛藤そのものは意識されず，そこから生じる不安のみが自覚される場合のように，無意識的なレベルのものもあります。無意識的なレベルのものには，神経症の症状や行動の混乱，人格障害などの形をとって現れることが多いです。

葛藤の解決法はけっして容易ではなく，欲求の強さが均衡している場合には，どちらをとるか大いに迷ってしまいます。時にはサイコロを投げたり，人に選択してもらうこともあります。しかし，一般的に人はその目標に近づいたり，遠ざかったりする過程の中で決心がつく場合もあります。目標に近づくほど，それへの欲求が強くなりますが，目標が正と負の場合には，目標に近づくほど正も負も強くなり，両面感情的（アンビバレンツ）になり，目標が負と負との場合には決心がつきにくくなります。

ところで，人が動物より優れている面として，人には長期展望ができるという特性があります。たとえば，将来の大きな買い物とか，仕事のため

に現在を位置づけ，その困難を耐えて努力するといったことです。これは「快楽の延期」といわれています。

社会生活では，将来の価値のために欲求の満足を自ら延期する努力をするか，欲求のままに手近な満足を求めるかで，その人に対する評価が分かれます。幼い子どもや非行少年のパーソナリティの一面として，この長期展望の不足と欲求の直接的満足の強いことが示されています。

2.6 欲求不満（フラストレーション）

2.6.1 欲求不満の反応様式

欲求が起こると，人はこの欲求を満たして平衡状態にもどるような行動をします。しかし，必ずしも思ったように行動ができなかったり，行動の結果が思うようになるとは限りません。このように欲求が満たされないでいる状態を「**欲求不満**」の状態といいます。

こうした状況のもとでは，怒り，不安などを含む不快な情緒的緊張が持続しており，人は不満足を経験することになります。そして，このような情緒的緊張を解消するために，人はさまざまな反応を示します。

その際，非合理的な感情的反応を表して，事態にうまく適応できない人もいます。また，忍耐強く冷静に障害を回避したり，それを克服する努力をして，合理的に緊張を解消しようとする人もいます。

欲求の充足が阻止された欲求不満の状況での反応は，一般に，攻撃的反応，退行的反応，固着的（固執的）反応の3つの反応様式があります。

1. 攻撃的反応

攻撃は対象に害を与えることを目的とする意図的な反応です。

攻撃の強さはさまざまな要因によって影響されます。それは阻止された欲求の強さや種類，相手の権威や相手に対する尊敬度，妨害の正当性や公正さ，妨害の程度や目標からの距離，欲求不満の累積量などが含まれます。

2.6 欲求不満（フラストレーション）

攻撃はその場面の状況や年齢，パーソナリティなどの個人的要因によって現れます。

攻撃の具体的形式には，身体的攻撃（殴る，蹴る，とっくみあいをする），言語的攻撃（悪口をいう，ののしる），間接的攻撃（告げ口，陰口），移転した攻撃（八つあたり，弱い者いじめ），自己への攻撃（自責，罪悪感，自殺）などがあります。

2. 退行的反応

退行的反応というのは，現実のある発達段階から，より早期の未熟で未分化な段階に後もどりすることによって不安を解消し，欲求の満足を得ようとすることです。

退行的反応には，神経症や精神病のレベルにいたる病的なものから，一時的，部分的な正常範囲のものがあります。

カウンセリングの過程でも，一時的に退行的反応が生じる場合があります。これに対して，意図的に退行反応を深め，それによって治療への足がかりにする技法もあります。

退行的反応の例としては，たとえば，弟や妹の誕生日により，両親の愛情が奪われたと感じた幼児が，ふたたび夜尿をし始めたり，聞き分けがなくなったりすることなどがあります。

3. 固着的（固執的）反応

ある反応が無意味に紋切り型をとって持続することを固着的（固執的）反応といっています。つまり固着的反応では，反応の柔軟性を失って，問題解決には直接何の役にも立たない定型化した反応を示すようになります。

たとえば，心理的緊張の高まりによって，反復的な爪かみが始まるのは，日常生活における固着的反応の例と見ることができます。あるいは，山で遭難し，道に迷ってしまったとき，同じ道を何度もぐるぐる回っているというのも固着的反応の一例です。

2.7 欲求不満耐性（フラストレーション・トレランス）

　人が欲求不満に陥ったとき，以上のような不適応行動をとらず，その状態に対して耐え，我慢し，また待つことができる人がいます。
　このような欲求不満に耐える力を**欲求不満耐性**（フラストレーション・トレランス）といっています。これはローゼンツヴァイク（Rosenzweig, S.）の提唱した概念で，欲求不満の状態のとき，それを乗り越える能力を示しています。
　人は周りから愛され，肯定的な自己イメージを抱いたり，自分の前に立ちふさがる障害を克服する経験を持ったり，また困ったときには，率直に人に援助を求められる柔軟でオープンな態度を身につけることによって，自分の欲求不満耐性を高めることができます。
　欲求不満耐性には個人差が認められ，発達にともない耐性が強まり，また学習によって，その能力を高めることができます。そこで，欲求不満耐性を育てるには，幼児期より適度な欲求不満体験を与えること，また，共感的，受容的態度で接し，合理的解決のための援助を与えることが必要です。
　欲求不満耐性が高ければ，適切な対処行動をとることができます。そして欲求不満耐性を高めるためには，次のような方法があります。
(1) 欲求の満足を断念する（あきらめる）。
(2) 欲求の対象を変更する。つまり，代わりの対象に欲求の方向を向ける（代償行動）。
(3) 欲求の満足を一時我慢して延期する（待つ態度）。
(4) 正当な自己表現，つまりアサーティブな態度を身につける。具体的には，欲求不満を適切な言葉で表現できる能力を養う。
(5) 不安，心配事は，その原因を早くつきとめ，解決するようにする。
(6) 過ぎ去ったことで，もはや解決できない問題は，考えない，あるいは

断念する。
(7) 自分自身の性格や態度について客観的に冷静に考えてみる（外罰的か内罰的か，あるいはプラス志向かマイナス志向かなど）。

　いずれにせよ，欲求不満の状況に陥ったときには，早急に解決をはかろうとせず，冷静な態度で判断し，対処していくことが大切です。

第Ⅱ部

主なカウンセリングの理論と技法

カウンセリングの原理、概念などについて説明する理論体系をカウンセリング理論といいます。

具体的には、クライエントの問題行動はなぜ起こるのか、カウンセリングによって、なぜまたはどのようにクライエントは変容するのか、カウンセリングとはクライエントに何を援助することができるのか、このような問題に答えるのが、それぞれのカウンセリング理論です。

また、カウンセリングの技法は、それぞれの理論をもとにした具体的なカウンセリングの方法です。

現在、多くのカウンセリングの技法にはそれぞれの特徴があります。しかし、一つひとつの理論、技法は必ずしも完全とはいえません。

ところで、カウンセリングの理論には、どのような機能と有効性があるのでしょうか。

まず第1に、結果の予測です。理論があれば、これから起こる出来事や行っている活動の結果を予測することができます。予測できるから、カウンセリングをすることができるのです。

第2に、今、体験している事柄を説明することができ、ある事実を説明、解釈する手がかりにもなります。説明、解釈ができるから、安心して対応がとれるのです。つまり理論を知っていれば説明がつくので不安に陥らないで済むのです。

第3に、仮説を生み出す基盤となります。理論上、こうなるはずだという一つの仮説が立てられ、その仮説が検証できれば、それは事実になったことになります。つまり、理論から仮説、仮説から事実という順で証明されたことになります。

第4に、出来事を客観的に見る基本的視点を与え、さまざまな出来事を共通した枠組みで理解することができます。

このように、カウンセリング理論は事象や問題の把握と援助の実践には欠かせないものです。しかし、すでに述べたように、すべての理論には、それぞれ限界があるので、理論を適用するときには、その理論に固執したり、決めつけたりしない配慮が必要です。

カウンセリング理論を考える場合には，一般に次のような視点があります。

第1には人間観です。つまり，ある理論では人間をどのように考えるか，人間をどのように見るかということです。

第2にパーソナリティ論です。これは人のパーソナリティとは何か，それはどのようにして形成されるかという問題です。

第3に問題発生のメカニズムです。問題行動はどうして起こるかという点についてです。

第4に援助の目標です。これは「治る」とはどういうことか，健常（精神的健康）とは何か，カウンセリングの目的は何か，どのような技法を使うかといった問題です。

第5に，カウンセラーの役割です。目標達成のためにカウンセラーは何をすべきか，あるいはカウンセラーの姿勢です。

第6に，クライエントの役割です。目標達成のためにクライエントは，どのような態度でカウンセリングを受けるかという問題です。

第7に，カウンセリングの効用と限界です。その理解に適用しやすい問題は何か，その理論では限界があり適用できない問題は何かを明確にすることです。

以上の7点がカウンセリング理論を考える場合の視点ですが，それぞれのカウンセリング理論によって，その視点は異なっているのです。

第II部では，主なカウンセリング理論として，①クライエント中心カウンセリング，②行動療法（行動カウンセリング，認知行動療法），③精神分析療法（精神分析的カウンセリング）について概略し，その技法についても述べます。

3 クライエント中心カウンセリング

3.1 クライエント中心カウンセリングの考え方

　クライエント中心カウンセリング（クライエント中心療法, client-centered therapy）は, アメリカのロジャーズ（Rogers, C. R.）によって提唱されたカウンセリング（心理療法）です。ロジャーズは, 当時心理療法として中心的立場にあった精神分析, 指示的カウンセリング, 行動主義的心理学に反論し, 自らの理論と方法をうち立てました。

　ロジャーズには『カウンセリングと心理療法』という著書があるように, ロジャーズ自身はカウンセリングと心理療法をほぼ同じ意味に使っています。

　そこで, ロジャーズが彼の原著で「治療者」「心理療法」という表現を使っている場合にも, ここではカウンセラー, カウンセリングという言葉におきかえて述べることにします。

　当初は非指示的カウンセリングと呼ばれていましたが, その用語がカウンセラーの技法性や受身性を強調してしまうことから, その後ロジャーズはクライエント中心カウンセリングという名称を用いるようになりました。

　ロジャーズの理論の背後にあるものは, 豊かなカウンセリングの実践です。そして, この体験は何かの既存の理論に当てはめられ解釈されてきたものではなく,「それはうまくいくか」「それは効果的であるか」という基準でふるいにかけられ, 統合されてきたものです。

ロジャーズは，彼の理論，技法を発表するたびに，多くの批判や誤解を受けてきました。それと同時に，彼の理論に賛同する人も次第に増えてきました。

現在では，クライエント中心カウンセリングは，独自のパーソナリティ理論，カウンセリング理論を持つ体系的理論として確立しているだけでなく，他の多くのカウンセリング理論や人間関係論にロジャーズの基本的な考えが取り入れられており，カウンセリング心理学の世界に大きな影響を与えています。

そこで，ロジャーズの考えについて理解を深めるために，彼の生涯とカウンセリング理論について詳しく述べていきたいと思います。

3.2 ロジャーズとクライエント中心カウンセリング

3.2.1 ロジャーズの生涯

ロジャーズは，1902年（明治35年）に，アメリカ中西部のイリノイ州シカゴ郊外のオーク・パークに生まれました。6人の子どものうち，5人が男の子で，彼は4人目の子どもでした。両親ともに農家出身で，非常に実際的で堅実な人柄でした。また，両親とも敬虔で保守的なプロテスタントであり，厳格な宗教的雰囲気の中で育ちました。ロジャーズは両親の影響を受け，熱心に教会に通っていました。

ロジャーズが12歳（1914年）のときに，一家はさらに郊外に農場を買って移住します。ロジャーズ自身その移住先が気に入ったそうです。比較的内気で，夢想家であったロジャーズは，その知的能力の高さにも恵まれて，読書欲と探究心が旺盛でした。父親の営む科学的農業に接し，科学的経営をすることや科学的方法に対する尊敬の念を自然に学びとったのでした。

17歳（1919年）のとき，ウィスコンシン大学に入学し，初めは農学を

専攻します。これは両親もそうすることを希望したからでした。しかし2年生のとき，専攻を農学から歴史学に変えました。20歳（1922年）のとき，彼は北京で開催された国際キリスト教学生連合会議の全米代表の12人中の一人に選ばれ参加しました。その後，中国を中心に約6カ月間東洋を旅行し，世界のいろいろな立場の人々を知ることになり，大きな影響を受けました。そして帰途の船中で，「家族からの心理的自立」を決意します。帰国後に十二指腸潰瘍（かいよう）（心身症）にかかり，半年間休学します。この病気・休学はロジャーズにとってある種の「抑圧的な家庭的雰囲気」との対決を迫られたことを示しています。

22歳（1924年）で，大学を卒業するとともに，小学校時代からの幼友だちであるヘレンと結婚し，家族から独立して，経済的にも自立しながらニューヨークのユニオン神学校に入学することになります。そして，そこに2年在学している間に，自由な立場で学び，臨床心理学に興味を持つようになりました。このころコロンビア大学ティーチャーズ・カレッジでも聴講し，キルパトリック（Kilpatrick, W.）を通じて，デューイ（Dewey, J.）の実験主義的教育論の考えに接し，またホリングワース（Hollingworth, L.）の臨床心理学の講義を受け，また彼の温かい人間的な指導を受けたことは，カウンセリングにおける出会いに近い体験になったのでした。ここでの体験が臨床家への開眼となりました。臨床心理学への道を歩み出したロジャーズは，大学院2年の終わり（1926年秋）に，ユニオン神学校からコロンビア大学のティーチャーズ・カレッジに移り，臨床心理学と教育心理学を専攻することを決心しました。

25歳（1927年）のときニューヨーク市の「児童相談研究施設」で研究員（インターン）として選ばれ，1年間研修を積みました。彼は，ここで精神科医と同等のレベルで職業的訓練を受け，精神分析療法にもとづいた通常の治療法を身につけました。

26歳（1928年）から38歳（1940年）まで，ロジャーズは，ニューヨ

ーク州ロチェスターの児童愛護協会で児童研究部員として活躍し，この時代は「ロチェスター時代」と呼ばれています。ここでロジャーズは臨床心理学者として，本格的に臨床的な仕事に取り組み，博士の学位をとり，彼独自の新しいカウンセリングの方法を始めるのでした。

　ここでの12年は，実験的な実践の場でした。「このやり方は効果があるのか？」という実利的な立場に立ち，科学は有用な限りにおいて意味があると考えました。何千人もの子どもに面接し診断しながら，次第に既存の理論は絶対的なものではないという考えを強めることになりました。この時期，臨床的人間関係において，カウンセラーが強圧的になったり，自分の考えを相手におしつけたりするのは，表面的で一時的な効果しか生じないと考えるようになりました。

　ロチェスター児童愛護協会の児童研究部で，毎日臨床実践をしていく中で，ロジャーズは自分自身の見解を編み出し始めていることに気づいたのでした。

　彼はここで3つの重要な経験をしたことを挙げています。

　その一つは，一人の放火狂の青年との臨床経験でした。ロジャーズはヒーリー（Healy, W.）博士の権威ある非行学説にひかれており，この青年と真剣に取り組み，その非行の背景にある性的葛藤を発見して，見事に解決しました。しかしこの青年は保護観察に出されると，たちまちふたたび放火をしてしまったのでした。この事例から，ロジャーズは，権威的な書物（ヒーリーの非行理論）にも，間違いがあること，そしてまだ発見すべき新しい考えがあることを知ったのでした。

　2番目の「素朴な発見」は，次のようなことでした。それは，あるケース・ワーカーの面接技法が優れていると思っていたのに，数年後にその書物を読み返してみて，びっくりしたという経験でした。つまり，その面接は賢明な法律家のような質問をして問題の核心をついているように見えましたが，実は表層的な効果しかもたらしていないことに気づいたのでした。

ここで強制的あるいは強い解釈的アプローチは有効ではなく、「非指示的」な方法こそが有効ではないか、ということがロジャーズの中でだんだん明確になってくるのです。彼は、次第に「指示的」な方法から気持ちが遠のいていくのを感じ始めたのでした。

　もう一つの事件は、ある乱暴な少年の母親との面接をめぐっての体験でした。これまでの経験をふまえて、カウンセラーの側で、クライエントの行動を解釈し伝達する際に、もっと慎重で我慢強く受容されるのを待つようにしました。ところがこの乱暴な少年を持つ、知性の高い母親との面接で、見事に行きづまってしまいます。ロジャーズは、問題の原因は、この母親が子どもに対して拒否的態度をとっているからだとはっきりとわかっていました。しかし何回面接しても、この母親にはそれが理解できなかったのでした。ロジャーズは、とうとうサジを投げてしまいます。そして、この面接を打ち切るよう申し出ますと、母親も同意し、握手して退室しかけます。ところがこの母親が面接室のドアのほうへ歩きかけたそのとき、彼女はふり返って、「先生は、ここで大人のカウンセリングをやられたことがありますか？」と尋ねました。ロジャーズが「はい、ありますが」と答えると、彼女は「それじゃ、私をお願いしたいのですが」と嘆願しました。そこで本格的に母親との面接が始まりました。彼女は結婚生活に絶望していること、夫との関係が困難であることなどを語り始めました。そして、その結果、子どもの問題も解決し、大きな成功をおさめました。

　このことから、彼は次のような確信を持ちました。

「何がその人を傷つけているのか、どの方向へ行くべきか、何が重大な問題なのか、どんな経験が深く秘められているかなどを知っているのはクライエント自身である。」(Rogers, 1961)

　彼は、クライエントが動いていく過程をよりいっそう信頼するようにな

ったのです。

この時代のロジャーズの考え方は後の彼のそれに比べればまだまだ過渡的ではありましたが，

「子どもは自分自身の中に成長し成熟する動因と欲求を持っており，成長を促進する環境を作り出すことによって，子どもの健康が促進される」（Rogers, 1961）

という考えを育てていました。これは後のロジャーズの思想の胚芽といえます。

ロジャーズ自身が強圧的な治療方法や，治療者の指示や解釈によるクライエントへの働きかけに疑問を持ったのは，彼が正当な精神分析の持つその側面に自分の実践を通じて疑問を感じていたためであり，同時に精神分析が，時間と費用がかかりすぎて実際的でないこと，現在を重視しないこと，科学的研究を好まないこと，先入観や理論的ドグマ（独断）が多いことなどに批判的であったためです。

ロジャーズの最初の著書『問題児の治療』において，すでに後のクライエント中心カウンセリングの考え方と，彼の科学的実証主義の2つの面が示されています。さまざまな治療に共通する要素として，セラピストの4つの特性をあげています。「客観性（受容・関心・深い理解を含む）」「個人の尊重」「自己理解」および「心理学的知識」がそれです。

38歳（1940年）でロジャーズは心理学者として受け容れられ，オハイオ州立大学の臨床心理学教授となります。ここでは，カウンセリングの教育と研究を主に行っています。カウンセリングのプロセスをテープレコーダーにとり，逐語記録（一語一語を忠実に起こした記録）を作り，それを材料に研究と教育を行うようになりました。これはまた，客観的な研究をしようとしない，精神分析学に対する批判でもあったわけです。

ここで彼は，クライエントの「ある特定の問題を解決するのでなく，個人が成長するのを援助する」ことをカウンセリングの目標としました。40歳（1942年）のとき，彼は『カウンセリングと心理療法』を著し，非指示的カウンセリングの技法を中心とした考え方を示しました。

この本の中で彼は4つの技法（簡単受容，内容の再陳述，感情の反射，明確化）を重要視し，基本的な人間観をもとに録音記録をとり，逐語記録で勉強することの重要性を示しました。

このようにして彼はカウンセラーがクライエントの気持ちを受容し，共感的に理解していけば，クライエント自らが人間的な成長を始め，問題の解決に取り組むものと考えました。

この中で「**非指示的療法**」という名前が一般に知られるようになりました。この名称は，技法的に指示を与えないやり方として受け取られやすく，その背景にある治療理論から離れて一人歩きし始めることになったため，多くの誤解と批判を受けました。この当時のロジャーズは戦闘的に対立者たちと論争しており，かえって誤解を強めもしていたと思われます。しかしこの著書は『ハーバート・ブライアンのケース』という，生のままの治療者―クライエント間の言語的交流をそのまま活字化し，治療の領域での歴史上初めての記録をのせ，全世界に衝撃を与えた点で特記すべき著書でもありました。クライエントのプライバシーを守ること（守秘義務）と，治療過程の細部が秘密のベールに包まれることでドグマティズムに陥りやすい治療者―クライエント関係を公に示すことをどのように両立させるのか？……この問題はロジャーズの面接関係の科学的実証的解明の重要性の認識と決断，またクライエントとの信頼関係への確信によって一つの方向性が与えられたといえます。それが可能であったもう一つの理由は，当時初めて，録音機が一般に用いられるようになったという技術の進歩があることを忘れてはなりません。ロジャーズ全集に残された，それ以後の「パーソナリティ変容」の具体的検証，治療過程の精密な変化の追跡などは，

心理学者としてのロジャーズの実証主義的精神を強く示しており，治療室の密室性を打破する意味で大きな影響を与えたことは間違いありません。

一般に「非指示的」という言葉から，受身で消極的な治療者の態度を想像しがちですが，1942年の出版以来，その考え方が誤解の中心となりました。ロジャーズは，著書の中でセラピストの「**積極的傾聴**」を主張しています。

43歳（1945年）のとき，シカゴ大学カウンセリングセンターに移り，このころ，クライエント中心という用語を用いるようになります。このころより彼の学説に賛同する人たちが増え始め，やがて心理学会の年次大会でも，指示的療法か非指示的療法かが注目されるようになりました。

49歳（1951年）には彼の主著の一つである『クライエント中心カウンセリング』を著しました。ここでは彼の心理療法や人間そのものに対する考え方が体系的に述べられています。

この間彼は，クライエントに対する受容と共感の他に，治療者の「**自己一致**」が重要な治療的要因であることに確信を持つようになりました。

55歳（1957年）のときには「パーソナリティ変化の必要にして十分な条件」という小論文を発表しました。

この論文の中でロジャーズに一貫してあった2つの姿勢，すなわち自らの治療者としての体験を直視し検討した結果を仮説として表すことへの強い自信と，科学的実証的検討をさらに積みかさねようとすることへの期待が述べられています。ロジャーズは常に，個人としての治療者の体験そのもの（主観的体験）を重視する面と，それが一般的な検証を得ることで公共性を持つことへの冷徹な面の両方を備えた人であったといえます。

そのカウンセリングの原理を彼の「クライエント中心カウンセリング時代」におけるパーソナリティの変容の説明を用いて次に述べます。

1. クライエントの自己不一致

すべての人は，自分に対する一つの自己像を持っています。

たとえば,「自分は音楽の才能がある」「自分はだれからも好かれる人間である」のような自分へのある種の印象（自己概念）があります。ところが時にこの自己概念に合わない経験が起きてきます。たとえば,「自分は音楽の才能がある」と思っていた人間が,あるとき,だれでも合格する資格試験で落ちたりします。すると「いや,これは自分が練習した曲目でないのでたまたま運が悪かっただけだ。だから,本当の私の実力は出ていなかったのだ」といって言い訳をして,この経験を自己概念の外に置くことがあります。図1でいうと「資格試験に落ちた思い出」は経験の内側で自己概念の外側,つまりAに置かれることになります。つまり,Aは,自己防衛が働き,自分の自己概念に合わないものは（経験しているにもかかわらず）排除している部分です（否認）。これに対してBは,経験されている部分がそのまま印象に残っている部分です。たとえば,「音楽のコンテストを受けたが,今回は出来が悪かったから仕方がない」というように経験した思い出がそのまま自己概念に組み込まれていたら,Bに入ることになります（一致）。

さらにCは,経験していないのに自分でそのように思いこんでいる部分で,たとえば（まったく裏付けがないのに）「自分は音楽の天才である」というように,考え方が存在している部分です（歪曲）。AやCは,体験

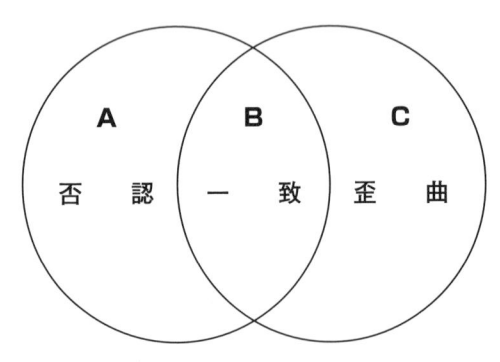

図1　クライエントの一致と不一致 (Rogers, 1951)

している現実の自分と，思いこんでいる自分が合っていない部分であり，Bの部分よりAとCの部分が多い状態を**自己不一致**と呼んでいます。

2. パーソナリティの変容はどのようにして起こるか

　このようにパーソナリティが不一致な状況にあるとき（つまり，あまり難しくない音楽の資格試験に落ちても「才能がある」と思いこんでいる人がいるとき），どのようにカウンセリングを進めてパーソナリティの不一致をなくすことができるのでしょうか。

　まずは，カウンセラーはクライエントに脅威を与えないで温かく接することです。そして，クライエントに受容的かつ許容的に接して，信頼関係を築くようにします。信頼関係ができてクライエントが自己防衛する必要がなくなると，自己概念をかたくなに信じる必要がなくなってきます。

　さらに，信頼関係が確立されたら，カウンセラーは，クライエントの用いた感情表現を鏡のように反映し，そのまま返します。クライエントは日常的に感じている気持ちをカウンセラーの繰返しの言葉の中に聴くことで，体験と自己概念に合わない部分が明確になり，ありのままの自分の姿をみることができるようになります。つまり，自己認知の見直しが始まります。体験と自己概念の比較が始まると，今まで気づかなかった不一致のいくつかの経験に気がつき始め，矛盾や葛藤をそのまま表現するようになります。また，クライエントに気持ちの一部に始まった混乱を言語化して話してみると，矛盾点がなおいっそう明確になり再統合が必要になります。つまり，ここでは今まで不一致であった気持ちが統合され，新たな段階に到達するのです。

　カウンセリング面接の中でこのような結果がもたらされることは，クライエントが不安や脅威から解き放たれ，最終的にはあらゆる体験過程に開かれ，機能する人間に向かって変化することが期待できると，ロジャーズは述べています。

　この後，ウィスコンシン大学で心理学と精神医学の併任教授になり，統

合失調症患者に対するアプローチを開始しますが，多くのトラブルにみまわれます。62歳（1964年）のとき，カリフォルニア州ラ・ホイヤ市にある西部行動科学研究所に移り，エンカウンター・グループの実践，研究，教育に活躍するようになりました。エンカウンター・グループとは，自由な対話などの活動を通じて自己理解を深め，自己の心理的成長を目指すグループのことをいいます。また，このエンカウンター・グループを用いてアイルランド紛争や南アフリカのアパルトヘイト問題の解消に対する試みを行ったりしました。ここでは，普通の人々の人格の成長，発展を促進することが目的とされました。その後，人間科学センターを設立したり，人間中心アプローチ（P. C. A.＝ Person-centered approach）運動を始めたりしました。彼の晩年は，人間の成熟や世界平和に貢献する社会運動家の側面を持つようになりました。そして1987年に85歳で亡くなりました。

3.2.2 クライエント中心カウンセリングの視点

ロジャーズのクライエント中心カウンセリングの主な視点は次のようなものです。

1. 人 間 観

人間には，自らを維持し強化する方向に自分自身を発展させようとする自己成長力（**自己実現傾向**）が備わっています。自律性，独立，自己実現への傾向や自分自身でよくなろうとする力が人間には内在しています。

2. パーソナリティ論

自分が自分をどう見るかという自己概念が行動の核になります。自己機能は幼少期における親などの評価を基盤とし，経験を取り入れて形成されます。一度形成された自己概念はそれが肯定的であっても否定的であっても，くずされまいとします。パーソナリティの形成は，遺伝よりも環境を重視しています。

3. 問題発生（問題行動）のメカニズム

自己不一致（自己概念と経験のずれ）が問題発生の原因となります。自己概念と一致しない経験とは、本当は自分が経験していることなのに、無視したり、ありのままに受け容れられない経験です。また、経験と一致しない自己概念とは、自分が本当には経験していないことを、そうだと思いこんだり、そうあるべきだと決めつけたりすることです。自己不一致の状態では、自分の本当の経験に対して、嫌悪や拒否が起こり、自己概念が脅かされ、混乱して、不安や緊張が高まることになります。

4. 援助の目標

心理的に不適応状態にあるクライエントが、自己概念に柔軟性を取りもどし、自分の感情を否認や歪曲することなく、ありのままに受容することが目標となります。それは、感情と行動が一致し、感情と行動に矛盾がない状態にすることです。この状態を「自己一致」といい、この状態にいる人を「機能する人間」「開かれた人間」といっています。

3.2.3 ロジャーズと自己実現傾向

ロジャーズの「人はだれでも自己実現傾向を持っている」という考え方は、彼の基本的な人間観といえます。

人間の基本的動機をどのようなものと考えるかは、それぞれのパーソナリティ理論の核心の一つでしょう。ロジャーズは、人間を動かす根本的動機を自己実現傾向と考えました。

自己実現傾向というのは、人間が自分自身を維持し強化する方向に全能力を発展させようとする、人間に内在する傾向です。

私たち人間は、どのような環境の中においても、本来自分を強化、発展させ、自分らしく生きようとする傾向を持っているとロジャーズは考えます。つまり、人は基本的には肯定的、積極的な方向へ、また建設的な方向へ進んでいく存在であるとしています。

これは成長への傾向、自律性への傾向、独立への傾向という事柄に通じ

ています。わかりやすくいえば，人間にはよくなろうとする力が内在し，また本来そのような傾向（知恵）が備わっているのだという人間観といえます。

このように，ロジャーズは自己実現傾向，つまり単に自分を保持するばかりでなく，困難な状況の中でも自己を拡大，発展させ，独自な存在であろうとする傾向こそ唯一人間の動機であるとしたのです。

3.2.4　パーソナリティ変化の必要にして十分な条件

ロジャーズは1957年に「パーソナリティ変化の必要にして十分な条件」という論文を発表しました。

クライエントに建設的なパーソナリティ変化が起きるということがカウンセリングの目的ですが，それはクライエントの統合性の拡大，内的葛藤の減少，効果的な生活に用いられるエネルギーの増大に向かって，その個人のパーソナリティ構造が変化することを意味しています。

ロジャーズは建設的で好ましいパーソナリティ変化が起きるためには，次のような6つの条件が存在し，それがかなりの期間持続することが必要であるといっています。

(1) 二人の人間が心理的な接触を持っていること。これはクライエントとカウンセラーが心理的な関係を持っていることを意味します。

(2) クライエントは，現実の自分とイメージの自分が一致していないので，不安を感じたり傷つきやすい状態にあります。

(3) カウンセラーは，クライエントとの関係において自己一致しており，自己の統合を保っていることが必要です。これは，カウンセラーがクライエントと接するとき，カウンセラー自身が純粋で誠実でなければならないことを示します（**カウンセラーの真実性**）。

(4) カウンセラーはクライエントに対して，無条件の肯定的配慮（**積極的関心**）を持って受容することが必要です。

3.2 ロジャーズとクライエント中心カウンセリング

(5) カウンセラーはクライエントの気持ちをできる限り正確に理解（**共感的理解**）し，そして理解していることをクライエントに伝えなければなりません。

(6) カウンセラーは感情移入的理解（共感的理解）と無条件の肯定的配慮（積極的関心）をクライエントに伝達することが最低限に達成されることです。

（ロジャーズの原典ではカウンセリング，カウンセラーはセラピィ，セラピストとなっています。）

ロジャーズは，この6つの条件以外のいかなる条件も必要でないと主張しています。

以下，これら6つの条件について簡単に説明を加えていきましょう。

クライエント中心カウンセリングでもっとも重要なのは**関係の確立**ということです。ここでいう関係とは，その最低限度の条件としての関係です。つまり，建設的なパーソナリティの変化が起こるのは，ある人間関係の中でなければならないという仮説を設定しているのです。言い換えれば，目の前にいる相手が，私に関心を持っているという，二人の間にある程度の心のつながりを最低限保っているということです。したがって，この接触とか関係という条件は前提条件ともいえるのです。

ロジャーズは関係におけるカウンセラーの真実性というものを，カウンセラーにとってもっとも基本的な条件であると述べています。カウンセラーはクライエントとの関係の中で，自由で，しかも深く自分自身になりきり，またカウンセラーの現実の経験が，自己意識によってありのままに正確に表現されます。

無条件の肯定的配慮（積極的関心）の条件は，これまで受容という用語で表現されてきました。これらの用語は，カウンセラーが相手（クライエント）の経験しているすべての側面を，その相手の一部として温かく受け容れることを感じているという意味で用いられます。そのときのカウンセ

ラーは，相手を潜在能力を持った人間としてとらえ，相手に心から好感や敬意を示していることになります。そして「無条件」とは，クライエントと接触する瞬間，瞬間で，カウンセラーに「非日常的な温かさ」が最大限に見られるということです。カウンセラーのこのような深い配慮によって，クライエントは自分自身で自己を探求し，他の人と深くつきあっていけるような安全な関係が築くことができるということを感じるようになります。

　正確な共感的理解は，いくつかある条件の中でもっとも重要です。カウンセラーがカウンセリングの場面で，クライエントの経験や感情を正確に，また敏感に知覚し，クライエントにとっての意味を理解する能力のことです。

　これはカウンセラーがクライエントの私的な世界をまるで，自分自身のもののように感じることです。ロジャーズはまさにカウンセラーのクライエントに対する共感的理解を重視しているのです。

　そして，カウンセラーが感じ取っていくこれらの内的な意味をふたたびクライエントに対して，それが「クライエント自身」の経験であると感じ取られるように伝達するための能力や敏感さも，正確な共感的理解の重要な部分の一つなのです。

　このような理解と伝達が正確に，しかも敏感に行われることによって，クライエントは自分の内部感情，知覚，そして個人的な意味を，より自由に経験するようになってくるのです。このことこそ，カウンセリングの本質的な機能であり，カウンセラーの態度ということになります。

　以上の6つの条件の中で，カウンセラーにとっては，次の3つの条件が必要です。
(1) カウンセラーがクライエントとの関係において自己一致していること。
(2) カウンセラーがクライエントに対して無条件の肯定的配慮を持っていること。
(3) カウンセラーがクライエントに対して共感的に理解していること。

以上の3つの条件がカウンセラーに備わっていることが、カウンセリング関係を成立させる基本となります。

このようなカウンセラー側の3つの条件と同時に、クライエント側の条件も重要となってきます。

まず、クライエントが不一致の状態であるということは、クライエントの基礎資格のような条件です。不一致、傷つきやすさ、あるいは不安という用語は個人の私的世界の状態を表します。中でも不一致というのは、クライエントの現実の経験と自己像との間に矛盾やずれがあるという意味です。そして、自己の中にあるこのような不一致の状態が緊張や内的混乱の状態だといえます。

カウンセラーについてのクライエントの知覚の条件は、6つの条件の最後のものです。これはつまり、クライエントがカウンセラーのクライエントに対する受容と共感的理解とを知覚するということです。このことは、クライエントがカウンセラーの働きかけの態度を感じ取っているかどうかという問題です。

3.2.5 自己概念と自己一致

自己概念とは自分が自分に対して首尾一貫して感じている、あるいは考えている自己像のことをいいます。つまり自己概念は自分に対する主観的な意味づけを意味しています。それは同時に、自分の周りの出来事に対する意味づけの基準にもなっているのです。

人間はさまざまな自己の経験のうちで、自己概念と一致していて矛盾しない内容を意識化しやすいのです。

たとえば、「私は母親から愛されていない」という自己概念を持つ子どもは、たとえ母親がそう思っていなくても母親との関係の中で、「母親の冷たさ」「自分に対する無関心」などを意識しやすく、逆に自己概念に矛盾する「母親の自分に対するやさしさや愛情」などは意識化されません。

自己概念が人の行動の仕方を決める基本であるので行動や性格を変えるためには，自己概念を変えることが必要になってきます。

ロジャーズの理論では，どうすれば自己概念を変えることができるかに関心があります。いかにして自己概念を変えることができるかを解決するためには，自己概念はどのようにして形成されたかを知る必要があります。

自己概念の形成は後天的なものです。生まれたときから，「私は頭が悪い人間だ」とか「私は人に好かれない人間だ」と思っている人はいません。後天的に環境の中で，他者の評価を取り入れて作ったのが自己概念です。

たとえば，知能指数が高い子どもでも，幼少期から両親に「お前は頭が悪い人間だ」と評価され続けると，「私は頭の悪い人間である」という自己概念ができてしまいます。その結果，その子どもは実際に勉強嫌いな子になってしまうことがあるのです。

自己概念を変える場合の原則は，**自己一致**するように変えることです。そのためには，事実にもとづいた自己概念を持つことです。つまり，自己一致とは，あるがままの自分と，思いこみの自分とが一致するという意味です。別の言葉でいうと，現実の自分と理想の自分にギャップがないということを意味します。また別の例でいえば，「泣きたいときに泣ける人」「笑いたいときに笑える人」が自己一致している人といえます。

ところで，ロジャーズの理論からすると，健全な人間とは，あるがままの自分になりきっている人です。そのためには，実際の自分にもとづいた自己概念をつくることが必要です。事実にもとづかない自己概念は単なる願望にすぎません。思いこみの自分をこわして事実を直視する必要があります。

ロジャーズの立場では「人間的」という言葉は自己一致している状態をさしています。そこで，ロジャーズのカウンセリングの目標は最終的には自己一致ということになるのです。

ところで，人はなぜ自己一致の状態になれず，自己不一致に陥りがちな

3.2 ロジャーズとクライエント中心カウンセリング

のでしょうか。それは、私たちが「ねばならない」にとらわれているからです。「ねばならない」にとらわれているということは、他者から教わった価値観を疑いもなく信じこんでいるということです。

ロジャーズは、こうあるべきとか、こうすれば人から気に入られるだろうという気持ちをすてて、自分の本音で生きることを強調しています。つまり自己一致の人とは、他人にどう思われるかを気にしないで、自分の本当の気持ちに則して行動する人といえるでしょう。したがって、自分が笑っているのは本当に笑いたいから笑っているのであり、泣いているのは本当に泣きたいから泣いているといった感情と行動が一致している、裏表がない、こういう人を自己一致の人ということができるでしょう。

ロジャーズは、ありのままの自分になることができると、自己実現傾向が十分に発揮されるようになると考えました。自分は不完全で、弱い所を持っている存在であることを本当に受容できるときに、その人は成長へ向けての力が現れ、その人自身に変化が起こるというわけです。また、同時に、ありのままの自分になりきることによって、人間関係が偽りのないものになり、生命力にあふれた関係になっていくと考えたのです。

クライエント中心カウンセリングでは、カウンセラーはクライエントの内にある自己実現傾向を、クライエント自身が発揮できるように援助していく存在です。また、クライエントが、ありのままの自分に気づき（自己洞察）、それを受け容れ（自己受容）、より統合された自分の中で再度問題を解決しようと決心（自己決定）するプロセスにともにつきあい、援助していく存在でもあるのです。

そのためには、カウンセラー自身が、ありのままの自分を受け容れられる存在である必要があります。またクライエントを共感的に受け容れることができる存在である必要があります。

カウンセラーはこのような姿勢でクライエントと継続的にカウンセリングをすることで、クライエントには次のようないくつかの変化が起こると

ロジャーズは述べています。
(1) クライエントは，次第に自由に自分の感情を表現するようになる。
(2) その感情は自己以外のことより，自己に関したものが多くなる。
(3) 自分の感情や知覚の対象を次第に分化させ，弁別してくる。
(4) クライエントの表す感情は，自分の経験と自己概念との不一致に関係したものが増えてくる。
(5) 不一致の脅威を意識の中で経験するようになる。
(6) 過去において意識することを拒否していたり，歪曲して意識していた感情を，意識の上で気づきながら十分に経験するようになる。
(7) 自己概念は，以前意識することを拒否してきたり歪めて意識していた経験を同化し，取り入れるように再構成されるようになる。
(8) 自己構造の再構成化によって，自己概念は次第に経験と一致するようになり，防衛も減少してくる。
(9) クライエントは脅威を感じることなく，カウンセラーの示す無条件の好意的尊重を次第に経験するようになる。
(10) 無条件の好意的な自己尊重を感じるようになる。
(11) 自分自身を評価の主体として経験するようになる。
(12) 次第に自分の経験する価値づけの過程にもとづいて反応するようになる。

　ところで，以上のプロセスを通して自己一致の方向へパーソナリティの変化が起こるわけですが，一般にパーソナリティの望ましい変化というと，ある固定したパーソナリティの状態から，別の新たな固定的状態への変化を想定せずに，固定した状態から変化し流動しながらも安定している状態への変化と考えています。

　ロジャーズは次のように述べています。この言葉は，ロジャーズの人間観でもあり，またカウンセリング観でもあると思われます。

"Life, at it is best, is a flowing, changing process in which nothing is fixed."

（人生はその最善の状態にあっては，何一つ固定的なものはなく，たえまなく流れ変化する過程である。）(Rogers, 1961)

3.2.6　十分に機能する人

　クライエント中心カウンセリングの最終目標は「**十分に機能する人**」です。ロジャーズは1964年にその考えを具体的に明らかにしています。それは次の3点に集約することができます。
(1) 個人は自己の体験に開かれるようになる。これは個人が自己を防衛したり，自己の経験を拒否したり，あるいは自己不一致の状態になっていることの反対の意味を示しています。つまり，自己の防衛がなくなり，自己の経験を肯定し，自己一致している状態を意味しています。
(2) 個人は妙に強がったりせず，あるいは弱さに脅かされることもなく，あるがままの真実の自己で積極的に生き続けることを意味します。
(3) 個人は常に正しいと感じたことをなし，そのことが一般に行動する際の正当で信頼できる指針となることを意味します。

3.2.7　ロジャーズの現象学

　ロジャーズの考えは基本的には**現象学**に立っています。現象学というのは，目で見える世界をどう受けとっているかという受けとり方の世界，主観の世界，認知の世界，意味づけの世界こそが本当の私たちの世界であるという考え方です。
　目で見える客観的な世界が私たちを動かしているわけではありません。同じものを見ても，人によって見方，あるいは感じ方は異なっているからです。
　目で見える世界をどう受けとるか，その受けとり方が私たちの行動の源

泉になっています。こういう考え方を現象学といいます。

ロジャーズは現象学的世界こそが実在だと考えています。そして，とくに自分というものをどう受けとるかを重視したのです。客観的世界は変わらなくても，それをどう受けとるかによって人間の行動は変わります。同じように，客観的にはたとえ昔のままの自分であっても，その自分をどう受けとるか，その受けとり方が違ってくると，その人間の行動の仕方も違ってくるわけです。

ロジャーズはこの用語を用いて，人間が主観的な経験の世界に生きており，個人が経験しつつある主観的世界がその個人にとっての唯一の実在であるということを主張しています。

そのため，ある個人を理解しようとすれば，その個人の私的世界を共有することが重要となってきます。このことなしに，外側から理解しようとしても，それは理解とはいえず，単なる独断的な判断にすぎなくなると考えます。というのは，判断する人間は，自分が持つ判断の基準のみが正しいという前提で判断を下すからです。

3.2.8 クライエントの自由な感情表現を促進させる技法

クライエント中心カウンセリングを学ぼうとする人が，もっとも基本的に学習することは**応答訓練**です。実際のカウンセリング場面では，クライエントの発言をどのように受けて，どのように理解し，どのように応答していくかが問題となります。このことによって，クライエントの自己表現が促進されるか抑制されるかがかかっています。

面接の最初の段階では，クライエントとの人間関係をどのようにつくり，相互の信頼関係（ラポール）をどのように形成していくかというところに主眼をおいて接します。

面接の次の段階としては，カウンセラーはクライエント自身の内面を見つめ直すのを援助するために，どのようにクライエントの思考の枠組に入

3.2 ロジャーズとクライエント中心カウンセリング

って応答したらよいかを学びます。

ところで，クライエントの自己表現を促進するための技法としては次のようなものがあります。

1. 簡単な応答（最小限のはげまし）

「うん」「そうですか」「なるほど」といったあいづちをさします。それも「ちゃんと聞いていますよ」「もっと聞きたいから話してください」といったニュアンスを伝えるものであることが必要です。

つまり，クライエントがどのような感情や態度を表現しても，それを受容し，カウンセラーもクライエントの内面の感情に焦点を合わせ，ともに体験しながら，クライエントにもっと自己探求や自己表現を促すことです。そこで，カウンセラーはクライエントの発言に含まれている非言語的な側面（表情，態度，動作など）にも深く配慮しながら応答しなければなりません。

2. 内容の再陳述（繰返し）

クライエントが表明し，伝達したことの内容をクライエントの言葉を使って，繰り返していくことです。これは，話された事柄の繰返しによってカウンセラーはクライエントに対して共感を示すことになります。またクライエントの語った内容にそって確認し，要約することによって，カウンセラーがクライエントを理解していることを示すことにもなります。

これによって，カウンセラーがクライエントに対して積極的に傾聴し，共感的に理解している姿勢であることを感じさせることができるのです。

3. 感情の反射

これはクライエントが表明した感情をカウンセラーがとらえて，そのままの言葉でクライエントに伝え返すことです。この場合も，単に言語的な反応だけでなく，非言語的な側面での反応も手がかりにして応答しなければなりません。

クライエントの感情が表現されたとき，すかさずその言葉を返すことに

より，クライエントに自己の感情を確認し，ふたたび吟味してもらうことができるわけです。

4. 感情の明確化

クライエントによって漠然とした形で感情が繰返し表現されますが，明確な言葉にならないような場合，カウンセラーがクライエントの感情に近いと感じられることを言語化して伝えます。

それはクライエントの表明した事柄と感情をとらえて，それを一つにまとめ，カウンセラーが別の言葉で伝え返すことだといえます。

このようなカウンセラーとクライエントとの間でかわされる「感情の明確化」も，そのことでクライエントがはっきりと感情表現をする場合もあれば，不十分な明確化のためにクライエントが「そうではないんです」というふうに訂正する場合もあります。カウンセリングはこのような修正によって，さらに展開していくといえます。

5. 質　　問

質問には「閉じられた質問」と「開かれた質問」があります。閉じられた質問とは，「はい」「いいえ」で答えられる質問です。閉じられた質問は，確認のために用いられますが，閉じられた質問が多くなると，面接というより訊問のようになってしまいます。

開かれた質問は「今，困っていることはどんなことですか？」というようなもので，話題を展開するために用いられます。ただし，「なぜ」で始まる質問は避けたほうがよいでしょう。それはクライエントが答えられない場合が多いし，クライエントを追いつめることになりやすいからです。

しかし，カウンセリングが行きづまってしまったり，全体像がよく見えなくなってしまったときには，話のポイントを押さえて質問によって確認することも大切です。また質問によってクライエントが話しやすくなり，問題が明確になる場合もあります。しかし，あまり盛んに質問を用いると，クライエントが話す意欲を失ったり，さらに不快な感情を持つこともあり

6. カウンセラーの自己開示

自己開示というのは，カウンセラーが自分の個人的経験や思いをクライエントに伝えることをいいます。その内容がクライエントに役立ち，意味があるという確信がある場合にのみ用います。

これらの6つの技法は，すでに述べたようなカウンセラーの態度が前提となって初めてカウンセリングを進展させる意味を持っています。つまり，技法だけをいくら身につけたとしても，それだけではカウンセリングを成功させることはできないのです。

3.2.9 クライエント中心カウンセリングと傾聴
1.「きく」ことについて

「きく」という言葉は漢字で書くと「訊く」「聞く」「聴く」の3つがあります。それぞれ意味が異なり，その「きき方」によって人間関係のあり方も異なってきます。

「訊く」（ask）は，尋ねる，問う，取り調べる，責めるなどの意味があり，訊き手が必要としていることを相手に質問して答を要求することをさしています。時には訊く側が疑いの気持ちを持ち，訊かれる側は受動的になりやすいです。

「聞く」（hear）は，聞こえる，聞いて知る，耳で聞くなど，音声などを耳に感じとることですが，聞く側が受け身となります。話し手と聞き手の間には，はっきりした関係が成立していないことが多く，聞き手にとって都合のよい部分だけを主に聞きとる場合もあります。

「聴く」（listen）は，聴こうと努力する，心をこめて聴く，熱心に聴くなど相手の言葉の意味を聴きとろうとして，積極的に耳を傾けるという意味があります。つまり，聴く側が，話し手に対して積極的な関心を示しているわけです。それは相手の思考や感情を大切にして，相手の立場や思い

を可能な限り尊重して，心をこめて聴くことです。

　カウンセリングでは「聴くこと」に徹することが大切で，これを「**傾聴**」（active listening）と呼んでいます。

2. 傾聴の意義

　クライエント中心カウンセリングを提唱したロジャーズは，カウンセリングに耳を傾け，クライエントの思っているままに，あるいは感じているままに，それを受けとめ理解しようとするカウンセラーの基本的態度・姿勢です。

　傾聴とはまた，クライエントの話すことをただ聞いているのではなく，クライエントの言葉に表現されている事実や感情はもちろんのこと，言い表されていない話の背景にある心の動きを聴こうとすることです。つまり，傾聴は聴き方（テクニック）というよりも，クライエントの話を積極的な姿勢で聴く態度です。

　傾聴とは，カウンセラーがクライエントの話をじっくり共感的に聴くことです。傾聴することを基本とせず，カウンセラーが自分の価値観や判断にしたがって，クライエントに指示したり忠告するのでは，クライエント自身が主体的に生きることへの援助にはならないのです。

　傾聴の意義について，ロジャーズは次のようないくつかの重要な概念をあげています。

(1) 人は自分の力で成長したり，自分の問題を自分で解決する能力を持っており，また自分の可能性を自立的に実現していこうとする傾向を持っています。つまり，他人から強制，指示，あるいは干渉されるよりも，自分の力で成長することを望んでいます。

(2) 本来，自分のことをもっともよく知っているのはクライエント自身であり，またその問題を直接解決できるのもクライエント自身です。

(3) カウンセラーがクライエントに注意を集中して耳を傾け，深くかかわっていくと，クライエントの中の体験を聴きとることができます。そして，

カウンセラーのそのような姿勢によって，クライエントは自分の問題を整理し，解決するための方向を見出すことができます。

(4) カウンセラーの積極的な傾聴によって，クライエントが「何を話しても評価せずに受け容れてくれる」という安心感を感じたとき，カウンセラーと真の信頼関係をつくることができます。それによって，クライエントが意識していなかったものが意識化され，クライエントに新しい可能性が生まれてきます。

3.2.10 傾聴におけるカウンセラーの基本的態度

カウンセリングが望ましい方向に進展するためには，まずクライエントが自分の感情体験を含めた自由な自己表現ができなくてはなりません。

そのためには，クライエントにとって安全が確保された場が必要ですし，またカウンセラーの態度が重要になってきます。カウンセラーが自由で温かく誠実な態度を示していれば，クライエントは恐れや不安を感じずに自己を表現できます。

カウンセリングにおいて，面接が深まっていくかどうかは，カウンセラーの態度と，その態度がどのようにクライエントによって認知されているかにかかっているといってよいのです。

つまり，カウンセリングの成功を決定するものは，その技法や訓練ではなく，クライエントに伝えられ，クライエントに認知されたカウンセラーの中にある態度の存在であるといえます。

ロジャーズは，もしカウンセラーが次の3つの条件をクライエントとの関係の中で持つことができ，そしてクライエントがこれらの条件の存在を認知することができたときにカウンセリング的な動きが起こってくるといっています。

1. 無条件の肯定的配慮（完全な受容）

クライエントがカウンセラーに訴えてくるときには，さまざまな表現方

法でわかってもらおうとします。このときには，カウンセラーはクライエントの一部の発言だけでなく，そのままの形で完全に受け容れようとすることが大切です。

2. 敏感で正確な共感的理解（感情移入的理解）

カウンセラーはクライエントの気持ちになりきり，「あたかもカウンセラーがクライエント自身であるかのように」クライエントの立場や気持ちで物事を理解することが重要です。

3. 自己一致（純粋性）

カウンセラーはクライエントと向き合っているときには，自分が今感じていることや心の中で考えていることを率直に表現し，行動，姿勢，態度が完全に一致していることが大切です。

以上の3つの条件は，ロジャーズがカウンセラーの基本的態度としてあげたものです。これに関連して，傾聴の際に留意すべき点は次のようなことです。

(1) 傾聴というのは，クライエントの不満や個人的な問題を単に聞いてあげることではありません。クライエントの持っている本質的な価値を心から認め，クライエントを独自の存在として尊重する心構えの裏づけがあってこそ，よい聴き手となることができます。

(2) カウンセリングでは，話す事柄よりも，その背景にある感情のほうがはるかに重要なことが多いです。いつの場合でも，クライエントのいっていることが，クライエントにとって，どんな意味があるのか，カウンセラーに何を伝えたいのか，そのことについてどう感じているのかといった全体的な意味を理解しようとすることが大切です。

(3) カウンセラーは，クライエントの伝えたいことが，あるがままの形でカウンセラー自身に入ってくるような聴き方をすることが大切です。それはクライエントが独自の経験をしており，カウンセラーが傾聴するのは，その人独自の経験を理解することにあるからです。

3.2 ロジャーズとクライエント中心カウンセリング

(4) カウンセラーは，クライエントに自分の考えを押しつけたり，クライエントを指導しようとする気持ちを抑えて，まずよい聴き手になることです。解決策を提案したりするのは，もっと後の段階のことです。

(5) 他人を理解することは非常に難しいです。したがって，カウンセラーはクライエントのものの見方を自分のものとして見る能力を高める必要があります。そのためには，クライエントのいったことを，クライエントに繰り返していってみたり，自分が感じた通りの言葉で表現してみます。そして，クライエントがそれを納得したときに，カウンセラーはクライエントを十分に理解したことが確認できるのです。

(6) クライエントを真に理解するためには，クライエントの言葉だけでなく，クライエントの非言語的な表現にも注意を向ける必要があります。クライエントの声の調子，表情，呼吸，姿勢，手や目の動きなどは，クライエントの気持ちを知る手がかりになります。

3.2.11 傾聴の技法

1. かかわり行動

かかわり行動は，クライエントの話を聴くときに示すカウンセラーの身体的動作のことであって，姿勢，視線，表情などは，すべてクライエントへのメッセージの役割を果たしています。

適切なかかわり行動によって，カウンセラーはクライエントとの関係を確立し，クライエントの発言を容易にし，クライエントの自己開示を促します。

視線は凝視しないで自然にクライエントに向けます。視線はなるべくそらさないようにします。視線をそらしすぎると，クライエントに対する無関心や回避を示すことになります。

姿勢はリラックスしてやや前傾になったり，クライエントへの関心を示します。腕組みをしたり，足を組んだりしてはいけません。

言語の応答では，温かい表現で，クライエントに十分かかわっていることを示します。クライエントの話に対しては，批判的になる気持ちを抑えて，まずありのままに受けとめ，クライエントが話の主導をとれるように心がけます。また，クライエントの話をさえぎったり，話題を変えたりしません。クライエントの話したことを注意深く聴きとり，応答していくことが大切です。

2. 簡単受容

「**簡単受容**」は「単純受容」「最小限のはげまし」ともいわれます。その中には，「うなづき」「あいづち」「言葉の繰返し」があります。これらは，クライエントの話の自然の流れを妨げないで，クライエントを尊重し，注意深くその話を聴き，クライエントに寄り添っていく態度を示すものです。

「うなづき」はクライエントの話に介入しないで，クライエントのペースについていくという態度を示します。また，「あいづち」は，クライエントのどのような発言に対してもそれを受容し，心から耳を傾け，クライエントを理解することに努める態度です。「言葉の繰返し」は，クライエントの話の中のキーワードとなる言葉をカウンセラーが繰り返すことです。これは，カウンセラーがクライエントの話の中の大事な点を聴いているということをクライエントに示すことです。

3. 事柄への応答

事柄への応答は，「内容の再陳述」「繰返し」「言い換え」などともいわれます。これはクライエントの話の内容のキーポイントを押さえて，正確かつ簡潔に伝え返すことです。応答することによって，クライエントの発言に対してカウンセラーが注目して聴き，その内容を理解していることを伝えるとともに，カウンセラーの理解が正しいかどうかを確認することができます。

この応答により，クライエントの考えを整理し，具体化するのを助け，またカウンセラーとクライエントの関係が発展するのを助けます。

4. 感情への応答

感情への応答は，クライエントの感情的な表現を注意深く聴きとり，それを伝え返す技法で，クライエントが経験している内的世界をカウンセラーが理解しているということを示します。

感情への応答によって，クライエントは「カウンセラーに自分の気持ちがわかってもらえた」という安心感を持つことができるし，またクライエントが自分自身の感情に気づくのを助ける働きもあります。

5. 意味への応答

意味への応答は，クライエントの話の中の事柄と感情の結びつきを，カウンセラーが理解し，それをクライエントに伝え返すことです。

クライエントが述べる事柄は，多くの場合，クライエントの感情が関係しており，互いに結びつけることによって，クライエントの話の意味を明らかにすることができます。これを伝え返すことによって，深いところまでクライエントを理解したことを示すことができるのです。

6. 要　約

要約はクライエントの話の段落，あるいは面接の最後に，クライエントの話の趣旨をまとめて伝え返すことです。これは，広範囲にわたる話の「事柄への応答」あるいは「意味への応答」に相当するものです。

要約は，クライエントの話の中から重要なテーマを系統立てて統合することであり，クライエントが自分の考えをまとめたり，あるいは見直すのを援助し，自分のテーマをさらに深く検索するのを促進する働きを持っています。

7. 質　問

質問は，単にカウンセラーが情報を得るためというよりも，クライエントが自分の問題を正確に掘り下げるのを援助するために使われます。質問は，事柄や感情への応答などを行う前の確認，あるいはクライエントの話題を展開する方向づけとして用いられます。質問はまた，カウンセラーが

クライエントに関心を持っていることを示し，それによってクライエントが自分の感情をより深く表現するのを助けます。さらに，質問は，カウンセラーには情報を提供し，クライエントには自分がどのようなことに関心を示しているのかを明確化するのに役立っています。

引用文献

Rogers, C. R. (1951). *Client-centered therapy*. Boston : Houghton Mifflin.
　（ロージャズ，C. R. 友田不二男（編訳）(1966). サイコセラピィ ロージャズ全集第3巻 岩崎学術出版社）

Rogers, C. R. (1961). *On becoming a person*. Boston : Houghton Mifflin.
　（ロージャズ，C. R. 村山正治（編訳）(1967). 人間論 ロージャズ全集第12巻 岩崎学術出版社）

4 行動療法

4.1 行動療法
4.1.1 行動療法とは何か

行動療法(behavior therapy)は,人間の行動が後天的な学習によって獲得されるという学習理論を基礎としたものです。

そこで,行動療法では,次のいずれかの条件づけを応用しています。

1. レスポンデント条件づけ(古典的条件づけ)

これは,パヴロフ(Pavlov, I. P.)がイヌを使って実験した唾液分泌の条件づけです。

彼は唾液分泌を外から観察できるようにしたイヌに,メトロノームを鳴らした直後に肉片を口に入れました。この肉片に対して自然な反射(無条件反射)としての唾液分泌が生じますが,こうした一連の手続きを繰り返すと,やがて,イヌはメトロノームの音だけで唾液を分泌するようになります。このような場合に生じる反射は,経験を通じて条件づけられたという意味で,条件反射と呼ばれています。

この条件反射を心理学に導入したのはワトソン(Watson, J. B.)です。彼はシロネズミと大きな音を条件づけて,幼児にシロネズミに対する恐怖反応を実験的に形成しました。そして,多くの情緒反応の獲得と個人差を条件反射によって説明できることを示したのです。

今日では,この型の条件反射は**レスポンデント条件づけ**と名づけられて,

学習の基本様式として位置づけられています。

このように，不安や恐怖はレスポンデント条件づけで形成されることが多いので，逆にレスポンデント条件づけによって，不安や恐怖を制止することができます。

2. オペラント条件づけ（道具的条件づけ）

オペラント条件づけはソーンダイク（Thorndike, E. L.）の実験に端を発しています。この実験では空腹のネコを箱の中に入れ，ネコが偶然にテコを踏むと扉が開き，ネコが外に出ることができます。これを何回も繰り返すうちに，ネコはテコを踏んで外へ出る要領を覚えてしまいます。すなわち，ネコが外に出る条件を学習したことになります。

このオペラント条件づけは，スキナー（Skinner, B. F.）によって研究されてきました。スキナーの実験には，スキナー箱がよく用いられます。この箱は，バーを押すと餌が自動的に出るようになっており，そこに空腹のネズミを入れます。ネズミは最初，種々の探索行動をしていますが，たまたまバーを押し下げると，餌が出てきて，それを食べることができます。これが強化（報酬）となって，ネズミは餌を食べるためにバーを押し下げるようになります。ここでは，ネズミのバー押し反応は餌を得るための道具・手段となることからオペラント（操作的）条件づけ，あるいは道具的条件づけと呼ばれます。

この例では，餌を与えることが強化（報酬）の働きをしていましたが，強化は食物のように生理的な欲求を満たすものだけとは限りません。とくに，人間の場合にはさまざまなものが強化の働きをします。

子どもには，親や教師の賞賛やほうびが強化として働き，大人になるにしたがって，お金や名誉が強化の働きをすることもあります。これらは，いずれも学習者の要求にプラスの働きをするものが強化の働きをしていたのですが，そうした報酬を用いなくても，痛みや危険のようなマイナスのものを除去することでも，強化の働きをします。

4.1.2 行動療法の考え方

　行動療法では，人間の行動は条件づけによって形成されると考えています。そこで，問題行動も条件づけの結果，形成されたものと見なされます。そのために，クライエントに対してふたたび条件づけを行う（再条件づけ）ことによって行動の変容をはかります。この再条件づけの試みが，行動療法です。

　行動療法では人間は白紙の状態で生まれてくると考えられています。つまり人間は基本的には環境の影響によって形成され，後天的な条件づけによって決定されます。

　そのため，不適切な行動も，反復的な経験によって，不適応な行動を学習した結果，あるいは適応的な行動が未学習であるために起こるとされます。

　行動療法では，まずクライエントの問題を客観的に明確にとらえます。これは主として，受理面接（インテーク面接）を通して，クライエントの問題を具体的にとらえます。そのため，行動療法は，問題中心のカウンセリングであるといえます。

　問題が明確になった後に，カウンセリングの目標を設定します。カウンセリングの目標設定については，カウンセラーはクライエントとよく話合いをする必要があります。この目標は，クライエントとカウンセラーが同意できるものでなくてはなりません。

　目標設定に続いて，現在の問題とカウンセリングの目標との間に小段階の目標を設定するのが一般的です。つまり，カウンセリングの開始から終結までの，途中の段階でのカウンセリングの目標です。行動療法は，一般には，段階を追って進んでいく方法，すなわち，一種のプログラム学習による方法であるといえます。

　行動療法は，他の心理療法に比べて問題解決志向が強いです。たとえば，人とうまく話ができないクライエントに対しては，「話し合える行動」を

身につけさせることで問題の解決をはかります。そのため，クライエントが対人関係で人とうまく話し合えるようになればよく，クライエントのパーソナリティそのものを変える必要はないのです。

4.1.3 行動療法の技法

行動療法の基礎をなす学習理論の中には，レスポンデント条件づけ，オペラント条件づけ，認知理論などがあり，それぞれについて，いくつかの技法が開発されています。

レスポンデント条件づけを応用した技法には，系統的脱感作法，主張訓練法，嫌悪療法などがあります。また，オペラント条件づけを応用した技法としては強化法，トークン・エコノミー法，消去法，思考停止法，シェーピング法などがあります。さらに認知理論にもとづいた技法としてモデリング法があります。

1. 系統的脱感作法

系統的脱感作法は行動療法の代表的な技法です。系統的とは「順を追って」「段階的に」という意味であり，脱感作とは「敏感でなくなる」「不安でなくなる」という意味です。

ウォルピ（Wolpe, J.）は，最初に不安刺激をクライエントに少し与え，それから段階的に刺激量を増大するという，脱感作の原理と逆制止の原理を組み合わせた技法を構成し，これを系統的脱感作法と名づけました。この方法は，不安や恐怖などの情動反応を主たる症状とする不適応行動の改善にとくに有効です。

具体的な手続きは次のようなものです。

(1) クライエントの不安に対して拮抗的で，しかもこれを制止できる反応をクライエントに習得させます。この反応としてはリラクセーション反応がよく用いられます。

(2) 不安階層表を作成します。項目は不安が起こる弱い場面から強い場面

4.1 行動療法

へと順に配列します。

(3) クライエントに不安階層表中でもっとも不安が弱い場面をイメージで与えます。これによって生じた不安をリラクセーションによって制止します。これを逆制止（リラクセーション）といいます。

(4) 次に逆制止を不安階層表の各段階に対して行い，だんだんと強い不安への制止を可能にさせます。

　不安階層表はクライエントの問題に対応して，クライエントがもっとも不安を感じるものはどんな場面か，感じないのはどんな場面かを両極に設定し，その間をいくつかの段階に分けます。不安の段階は，不安が低い状態から高い状態へと配列されます。

　次の不安階層表は，試験不安の学生の例です。

① （試験とは無関係のときに）普段の教室に入っていくとき
② 試験があるということを知ったとき
③ 試験の2週間前になったと気づいたとき
④ 試験の準備ができているかどうか友人に聞かれたとき
⑤ 試験の1週間前になったと気づいたとき
⑥ 試験前の週末になったとき
⑦ 試験の3日前になったとき
⑧ 試験の前夜，教材を読み返しているとき
⑨ 試験の当日家を出るとき
⑩ 試験の教室に入るとき
⑪ 試験問題が配られるのを待っているとき
⑫ 試験問題を読んでいるとき

　ここでは，高所恐怖症を用いて具体的に説明します。高所恐怖症の人は屋上よりは3階，3階よりは2階のほうが恐くありません。そこで恐怖が一番低い1階から順にイメージさせ，恐怖を感じなくさせる（脱感作する）のです。まずリラクセーションをして心身ともに落ち着いた状態にしてお

いてから，自分が1階に立っているイメージを持ちます。楽な気持ちで1階に立っている自分をイメージの中で味わいます。これができるようになったら，今度は実際に1階に立ってみます。実際に1階に立つことが大丈夫だったら，次に2階に立っているイメージの中でリラクセーションします。イメージの中で平気になれば，今度は実際に2階に立って平気な自分を味わいます。このようにして，最後には，屋上にも平気で行けるようにするのです。

動物を恐がる子どもに，遠くにいる動物を見せながら，おいしい食事をさせ，回を重ねるごとにだんだんと動物を接近させることで，最後は動物が目前にいても恐がらなくなるのもこの例です。

2. 主張訓練法

恐怖，緊張，不安を感じなくさせるために上に述べたようなリラクセーションによって恐怖刺激に立ち向かうのが脱感作法です。

しかし，リラクセーションだけが，恐怖，緊張，不安を感じさせなくする方法ではありません。自己主張も恐怖，緊張，不安を克服する方法です。

主張訓練法は，リラクセーションを用いる代わりに，自己主張を用いる方法です。この方法はリラクセーションを何回も練習するように，自己主張を何回も練習するのです。

主張訓練法は，対人関係の中で，当然してもよい主張ができず，常に自分を抑えることでしか問題に取り組むことができないクライエントに対する訓練です。

自分を抑えつけた感情は，時に強すぎる感情表現，あるいは爆発的な表現として現れかねません。これでは，かえって人間関係を悪化させることになります。

主張訓練法では，穏やかな自己主張の手続きを訓練します。したがって，攻撃とは区別されます。主張訓練法は，対人場面で自分も相手も大切にする自己表現ができるように訓練する方法です。

主張訓練法は，対人関係における不満，緊張を主な治療対象とするものですから，その方法も現実の不満場面に類似した場面を設定し，その中に問題となる対人関係を構成してクライエントに新しい主張反応を経験させます。これは役割演技法（ロール・プレイング）と呼ばれるもので，この役割演技法においては，実際の主張反応や主張行動を相談室において表現してみるという，いわゆる行動リハーサル法が取り入れられています。

主張反応は，クライエントが自己の感情を率直かつ十分に表現できたときにもっともその効果を発揮します。次にその実例をいくつかあげます。
(1) 私の前に立たないでください。
(2) （映画の上映中に）話すのをやめていただけませんか？
(3) どうして遅れたのですか？
(4) きれいなドレスですね。
(5) あなたが好きです。
(6) すばらしい出来ばえですね。

3. 嫌悪療法

嫌悪療法は，不適切な行動や症状を苦痛で不快な体験と何度も結びつけることによって，不適切な行動や症状を低減させたり消失させたりする方法です。このために用いられる嫌悪刺激には嘔吐剤，薬物，写真などの他に嫌悪的イメージを用いる方法もあります。

嫌悪療法は，喫煙，飲酒，麻薬などの依存症や性的異常行動，強迫行為などの治療に有効です。

嫌悪療法は，罰を与えれば行動が消滅するという原理にもとづいた回避学習とみることができます。

たとえば，アルコール依存症の人に，飲酒時に吐き気を催す薬を服用させます。これを繰り返すと酒を見るだけで気分が悪くなります。またイメージを用いる方法では，酒を飲みながら，自分が胃ガンになったことを想像させるといったものです。

4. 強化法

強化法とは，望ましい行動に対して積極的に報酬（正の強化子）を与えていく方法です。使用される強化刺激（強化子）としては，子どもの場合にはお菓子，おもちゃ，言語的なものとして称賛，承認などがあります。

強化法を効果的に遂行するためには，次のような点に留意しなければなりません。

(1) 望ましい行動を効率的に形成するために，初めのうちは連続的に強化するこが必要です。

(2) 強化は望ましい行動が出現した直後に行わなければなりません。

(3) 強化刺激の選択にあたっては，カウンセラーの立場からではなく，クライエントにとって，その強化刺激がどのような意味を持っているかを配慮する必要があります。そうしないと，カウンセラーは励ましのつもりでいても，クライエントにとっては何らの励ましとなっていないことがあるのです。

以上の点が十分に留意されたならば，強化法がクライエントに望ましい行動を増大させる技法として効果をあげることができます。

ところで言語強化では，カウンセリングの中でクライエントの行動目標に向かう望ましい表現とは何かに注目します。そして，このクライエントの望ましい表現を積極的に話題として取り上げ，その方向に話合いを進めることが大切です。この点で，是認，再保証，情報の提供も強化として十分に機能を果たします。

5. トークン・エコノミー法

エイロン（Ayllon, T.）とアズリン（Azrin, N.）は，特定の条件のもとで，ある課題を正しく遂行できた場合に，与える報酬または賞として代用貨幣，つまり金券を用いました。彼らはこの金券をトークン（token）といい，このトークンを流通させて報酬学習を行わせる方式を**トークン・エコノミー法**と命名しました。

使用されるトークンは，金券に限らず，シールや色紙，ポーカーチップ，点数カードなどさまざまですが，望ましい反応が起こった直後に言語強化（たとえばほめる）と合わせてトークンを与えます。カードはたとえば1枚に20程度の空欄があり，サインやマークで埋めていきます。トークンやカードは，一定数になると品物と交換します。品物は何にするかは，事前にクライエントと話し合って決めておきます。

トークン・エコノミー法を実施するに際しては，①トークンの与えられる目標行動が何であるか，②トークンの与えられるルール，③交換のルール（たとえばシール10枚でボールペンと交換）を明確にします。このような取決めを前もってカウンセラーはクライエントと十分に話し合っておくことが大切です。

6. 消去法

消去法は，クライエントの望ましくない行動に対して，消去刺激（罰）を与える方法です。ただし，一般に強すぎる消去刺激は問題をともなう可能性もあるので用いないほうがよいです。消去刺激としては，児童の場合では，たとえばプレイ・ルームの明るさを暗くするという程度のことです。消去は特定の行動傾向を減少させるために，不快刺激を与えることですが，消去刺激を何にするかは慎重に考慮する必要があります。

消去の扱いについては慎重な考え方もあります。あえて積極的に消去刺激を与えることはせず，望ましくない方向の行動や反応は無視し，望ましい行動にのみ積極的に強化を与えていくという考えです。

また，消去刺激の提示を，クライエントは，「自分が望ましい行動を行わなかったからだ」と考えず，「自分が拒否された」と受けとめる場合もあります。

つまり，消去法では，クライエントが，その消去刺激をどのように受けとめるかが重要になります。

7. 思考停止法

思考停止法は，クライエントの中で起こっている思考や観念を停止させて，不安や恐怖を緩和させたり制止させたりする方法です。

まず，クライエントに目を閉じさせ，いつも頭にこびりついていて離れない不安や恐怖（強迫観念）を次々と言葉に表して話させます。そこでカウンセラーは，話の途中で突然「ストップ」と声をかけます。次に，「あなたが今まで頭の中で考えていたことが今消えてしまったでしょう。消えましたね」と念を押して確かめます。つまり，思考や観念の進行や不安の発生が一時中断されたことをクライエントに確認させるのです。

これを何度も繰り返して，十分にこの方法に慣れさせた後に，この方法をクライエント自身に行わせます。

クライエント自身が行う場合には，クライエントが声を出さずに不安や恐怖を次々とイメージとして思い浮かべているとき，適宜自分の心に「ストップ」と呼びかけ，不安や恐怖を停止するのです。

この方法をクライエントが反復することによって，クライエントは自分の内部にある不安や恐怖を緩和し，解消することができます。

もし効果がなかったり，それがうまくできない場合には，楽しい場面をイメージさせてそれに注意を集中させて，不安や恐怖を忘れるように指示します。

クライエントが自己の内部にある感情を自分でコントロールできたという経験は，クライエントに自信を持たせ，カウンセリングの効果の増進に役立つのです。

8. シェーピング法

ある行動を学習させようとしても，その学習が進まない場合があります。このような場合用いられるのが**シェーピング法**です。

シェーピング法は一定の目標行動に至るまでの行動を順次遂行させて強化し，最終的に目標行動を獲得させる方法です。つまり，反応を段階的に

学習していくことによって、目標となる新しい適応行動を形成していく方法です。言い換えれば、目標とする行動に近いより簡単な行動を学習させて、それが確実に学習されたら、次に目標とする行動にさらに近い行動を学習させて、少しずつ、目標とする行動の学習に近づけていく方法です。

この方法は、さまざまな習慣の獲得や不登校児のカウンセリングなどに適用され、その効果がみとめられています。

9. モデリング法

バンデュラ（Bandura, A.）は、自分が直接強化を受けるだけでなく、他者の行動やモデルを観察することによっても学習が成立することを指摘しています。

人は自分で経験しなくても自分以外の人々の行動や、行動の結果の観察によって、新しい行動を獲得したり、反応パターンを変えたりすることが可能です。この方法を**モデリング法**といいます。

モデリング法には、次の3つの効果があります。第1に、観察によって以前になかった新しい学習を獲得することができます。たとえば、子どもはテレビを見て、画面上の人物と同じ話し方をしたり、表情をそのまま真似するようになります。第2に、モデルの行動はクライエント（観察者）の行動を制止したり、促進したりします。第3に、モデルを観察するクライエントは、モデルの行動によって、以前自分の持っていた反応を再現し、これを促進するようになります。

モデルの提示の方法は、実際の人物やグループのモデルによる方法、テレビ、ビデオテープ、カセットテープ、本などによる方法がとられています。

モデリング法においては、クライエントがモデルの行動を追っているとき、カウンセラーは激励、その他必要な強化を与えることが大切です。

モデリング法の例としては、犬を恐がる子どもに、仲間の子どもが犬を抱いて楽しんでいる様子を見せると、少しずつ慣れていくことができると

いったものです。

4.2 行動カウンセリング
4.2.1 行動カウンセリングとは何か

　すでに述べた行動療法は，1960年前後に成立しました。まず初めに，ウォルピ（Wolpe, J.）が『逆制止による心理療法』（1958年）を著し，続いてアイゼンク（Eysenck, H. J.）が『行動療法と神経症』（1960年）を著しました。

　それに対して**行動カウンセリング**（behavioral counseling）は，それより数年後に成立しました。まずクルンボルツ（Krumboltz, J. D.）が1966年に『カウンセリングの革命』を著し，続いて1969年にクルンボルツはソアセン（Thoresen, C. E.）とともに，『行動カウンセリング――事例と技術』を著しています。

　行動カウンセリングが行動療法の後から成立したということは，行動療法だけでは対応できない問題があったためであり，行動療法の発想を修正し，また応用したところに，行動カウンセリングの意義がみとめられています。

　行動カウンセリングは，主として正常者のレスポンデント行動（不安など）やオペラント行動（引っ込み思案など）を扱います。

　これに対して，行動療法では，正常者の他に神経症的なレスポンデント行動（神経症的不安など）や異常なオペラント行動（薬物嗜癖など）を対象とします。

　使用する技法についても，行動カウンセリングでは，言語的方法，面接法が主なものです。それに対して，行動療法においては，これらの他に，非言語的方法，医療機器等の利用，投薬などの諸種の医学的方法も適用されます。

4.2.2 行動カウンセリングの考え方と技法

1. クライエントの課題を行動におきかえる

たとえば、クライエントから「自分は消極的な性格で困っている」という相談を受けた場合、行動カウンセリングでは、「消極的な性格」とは、発言回数が少ないことなのか、一人では行動できないのか、あるいは新しい行動ができないのか、というようにその内容を行動のレベルにおきかえます。あるいは、「人間関係がうまくいかない」という相談では、友人の数が少ないのか、攻撃的な行動に出やすいのかといった具体的な行動のレベルにおきかえ、問題行動を変化させるようなカウンセリングを行います。

また、行動カウンセリングでは、行動という概念を幅広く考え、クライエントの自己観察、自己探求、自己統制に関する行動を重視します。

2. カウンセリングの目標を設定する

カウンセラーは、クライエントに自由に発言させるとともに、クライエントの悩みの内容をよく聴き、同時にクライエントに自己の悩みや問題を自覚させ、クライエントとの話合いの中で、クライエントの自己の相談目標を決定させ設定させるようにします。そして、その目標を達成させる方向でカウンセリングを進めていくのです。

3. カウンセリングの下位目標を設定する

相談目標が設定されると、それについてカウンセラーとクライエントが話し合い、相談目標を分析させ、相談目標に近づくために多くの行動の中からすぐ実現できる具体的な行動を探し出し、それを実践することを当面の目標とします。これが下位目標であり、学習行動を細分化し、また組織化する考え方です。下位目標を設定するために、カウンセラーはクライエントの自由な発言を促進し、またクライエントの発言を、カウンセラーが繰返し発言して、その言葉をクライエントに返す努力が必要とされます。

4. 強化やモデルによる指導

カウンセラーはクライエントの発言に対して「すばらしい考え方ですね」

「その考え方には私も賛成です」といった言葉で応答し，クライエントの発言および考え方を強化します。また，クライエントが新しい行動の仕方がわからないときには，その行動のモデルを示して，新しい行動の型を明示します。たとえば，友人との会話の中で思うように発言できないという相談があったとき，カウンセラーが発言の具体例をモデルとして示すということです。また，行動カウンセリングでは，クライエントの行動変容に役立つと思われたときには，カウンセラーはクライエントに積極的に指示を与えることも多いです。

4.3 認知行動療法

4.3.1 認知行動療法とは何か

認知とは「ものの認識の仕方」「ものの見方，考え方」「ものの感じ方」「もののとらえ方」などを示す言葉です。

認知行動療法では，悩みの原因を不健康な認知，誤った認知，歪んだ認知からくるものであると考えています。具体的には「しなければならない」「してはならない」「するべきである」といった認知の仕方です。

認知行動療法では，このような間違ったものの見方を修正し，変更することによって問題を解決しようとするものです。

そのために，健康的な認知，正しい認知，現実的な認知の仕方を学習するのです。具体的には，「したほうがよい」「しないほうがよい」「するにこしたことはない」といった認知の仕方への修正，変更です。

人はいろいろな事柄に対して，一定の自分なりの見方を持っています。認知行動療法（cognitive behavior therapy）は一般に認知あるいは認識様式を変えることで，その人の悩みや問題を解決しようとする方法です。行動療法が行動を問題にして扱うのに対して，認知行動療法は考えや物事の受けとり方（認知）が行動に及ぼす影響を扱います。

4.3 認知行動療法

　認知行動療法は，行動療法の不十分な面（たとえば強迫思考や妄想など，客観的な行動として把握できない症状など）を補うものとして，またクライエントの行動のみならず，認知も治療・介入の対象とする動きが生まれたことにより，従来の行動療法と認知療法の統合を目指す方法として誕生しました。

　認知行動療法では，認知が人間の行動を導く重要な要素と考えています。人間が自らの周りの世界をどうみるかという認知によって，感情や行動が影響を受けるというものです。

　認知行動療法の病理論では，さまざまな心理的障害はその人に特有な認知活動の媒介によって学習された結果か，または必要な学習の欠落の結果であると考えています。

　認知行動療法の目標は，歪んだ認知を消去や修正によって変え，欠落している学習は新しい認知学習で習得し，思考・行動・感情等を改善することです。そして最終的には，クライエントの自己コントロールを可能にすることです。

　認知行動療法において，カウンセラーは指示的，教示的ですが，クライエントとの共同作業を心がけることも重要です。

　認知行動療法の技法で，クライエントの信念や価値観などの認知反応スタイルに着目し，否定的自動思考を発見し修正していきます。具体的にはモデリング法や社会的スキル訓練法，自己コントロール法などを用います。

　認知行動療法と類似した心理療法には，ベック（Beck, A. T.）の認知療法とエリス（Ellis, A.）の論理療法があります。

　ベックは認知の3要素として，自己，世界，未来に対する考え方をあげています。そして，この3要素に対して否定的な見方しかできなかった場合，認知に歪みが生じる状態になるといっています。そして，これらに対する認知の歪みを修正することが，認知療法の役割であるとしています。

　エリスの論理療法はABC理論といわれています。A（Activating

Experience）は出来事，B（Belief）は考え方，C（Consequence）は結果（感情，悩み）です。

ABC理論では，出来事（A）が，まずその人の考え方（B）に影響を与え，それが結果（C）に影響すると考えます。ここでは問題に対する取組みとして，考え方（B）の変容が重要な課題です。つまり考え方（B）に対する認知の歪みの修正，変容が認知的取組みの対象となります。

そしてD（Dispute：反論）として，カウンセリングでの働きかけ，つまり考え方（B）が歪んでおり，それを修正する必要があることを問題とします。そして，その結果，E（Effect：効果）が得られるという理論です。

4.3.2 認知の歪み

認知行動療法の試みの対象となるのは**認知の歪み**です。一般的な認知の歪みは，次のようなものです。

1. 否定的な面だけを取り出す

私たちの毎日の生活では，楽しいこと，嬉しいこと，嫌なこと，苦しいことなどのいろいろな出来事が繰り返されています。しかし，歪んだ認知では，出来事の中から否定的な面だけを取り出して，肯定的な面は排除します。つまり，否定的な経験だけを繰返し思い出し，繰返し考えるというものです。考えるということは，ただ考えるというだけでなく，自分の気持ちをそちらへ方向づけることになります。良いこともあるのに，物事を悪く悪く考えるという態度です。

2. 肯定的な面を軽視する

肯定的な経験はたいしたことではないと見過ごし軽視します。一方否定的な経験はそのまま受け入れます。

たとえば，何かで成功したり，うまくいっても，「偶然できたのだ」「課題がやさしかったからだ」「この程度のことはだれにでもできる」と考え

てしまいます。つまり，うまくいったことや，良い経験を自分の現実として受け容れず，自分に関係ないものと考える態度です。

3. 過度の一般化

物事を一般化して考えることは大変便利なことです。

しかし，何でも一般化してしまうことは危険です。「人はみんな……」「友だちはみんな……」のように，「みんなが……」というとらえ方をすることがよくあります。「クラスの子はみんな僕に意地悪だ」「周りの人はみんな私に冷たい」といった表現です。

クラスの子の何人かは確かに意地悪をしているかもしれません。周りの人の何人かは自分に冷たいかもしれません。しかし，みんなが意地悪であったり，冷たいわけではありません。一部の人の態度をすべての人の態度と思いこんでしまうところに問題があるのです。

4. 白か黒かという二分的な考え方

いわゆる，"all or nothing" の考え方です。

このような二分的なものの見方が習慣になると危険です。これは物事がある程度できても，完全にできないと思った場合に，失敗したと考えてしまうからです。このような思考様式は完全主義を導いてしまいます。

たとえば，「幸福」と「不幸」の間にはさまざまな段階があります。その間のいずれかのところに人は位置しています。しかもその位置は時に移動し，けっして固定していません。

何かあると，人は「あの人たちはいいなあ。自分はあの人たちとは違う。だから自分は不幸だ」と考えます。自分を本当に不幸な人間だと思ってしまうと，明るい気持ちになれません。不幸だと思うきっかけはあったとしても，自分をこのように決めつけたことから，まさに自分を不幸にしてしまうのです。

5. 事実にもとづかない否定的解釈

事実とその事実に対する自分の判断とは異なります。ある出来事につい

て，どこまでが事実なのか，どこまでが判断なのかを弁別し，冷静に事実を見つめて対応を考えることが大切です。

たとえば，自分の調子が悪いと，とくに何でもないことも悪く感じてしまいます。そのときに，なぜ自分がそう感じたかという気持ちのチェックが必要です。

自分は普段出来事をどのように受けとめているのか。どういう「事実」にもとづいてそう判断しているのか。よく確認されていないことや，あいまいなことはないか。このような態度が否定的解釈に陥らないためには必要です。たとえば次のような例を考えてみましょう。

「電車の中で，前の席の人と目が合いました。相手はちょっと笑いました。これだけのことから，相手の気持ちとしてどんな可能性をいくつ考えることができるでしょうか？」

人間の行動には，どちらともとれる，あいまいな部分が多いです。そのために，人間関係で誤解の生まれる余地は常にあるのです。

6. 結果論的思考

これは出来事についての，後からの意味づけです。さまざまな出来事を，後からふり返ってみて，こうなるしか道はなかったのだと考えることです。

しかし，この思考様式をあまり強めると，「結局はなるようにしかならないのだから，いろいろ考えても，いろいろやってもむだだ」という思いが強まります。このように宿命論，運命論的な考え方を強めてしまうと，人は目標を持つことをやめたり，努力をしなくなったりします。

7. 誤った原因帰属

何かあった場合，人はなぜということを一瞬考え，直観的にその原因を推測します。これを原因帰属といいます。これには，その人なりの一定の様式がみられるのが普通です。

これは主観的な判断であり，客観的に正しいかどうかはわかりません。

この原因帰属が誤ってしまうと，多くの問題が生じます。たとえば，何

か失敗すると，何でも自分の原因でそうなったと考えたり，また成功しても，その成功の理由を自分以外のものに求めたりします。

8. 強迫的な認知

いつも，「……しなくてはいけない」と強迫的に考えることです。思うようにいかないと，罪悪感や強い不満を持ってしまいます。

強迫的な認知は，強迫的な思考を「熱心さ」とすりかえてしまうことです。熱心にするというのと，強迫的に行うというのには違いがあります。

熱心にするというのは，好きだから，意味があるから，すると良いことがあるからなどという部分が中心です。それに対して強迫的な思考は，……しないと不安だ，落ち着かない，……しないと何か悪いことが起こるのではないか？という思いがもとです。つまり，これは不安の裏返しということができます。

4.3.3 認知行動療法の技法

認知行動療法の基本的な技法はいくつかありますが，その共通したところは，クライエント自身のものの見方（認知の仕方）をクライエント自身とカウンセラーがチェックしていくことです。

何年もかかってできた，クライエントの見方をすぐ変えることは困難です。また急に変えようとすると無理が出てきますし，かえって不安になってきたりします。

そこで，認知行動療法では，時間をかけて習慣となっている考え方を見直し，修正していくのです。

次に認知行動療法の主な技法について述べます。

1. セルフ・モニタリング

セルフ・モニタリングとは，自分の内面の動きを見つめることをいい，日本語では自己監視と訳されています。つまり，自分の気持ちが本当に自分の気持ちかどうかをチェックすることです。

セルフ・モニタリングでは自分の気分，認知の歪みや自動的思考が対象となります。認知の歪みは現実的でない考え方であり，自動的思考は「私はだめな人間だ」といったような，ひとりでに浮かんでくる考えやイメージです。

　たとえば，不愉快な気持ち（思考）や不愉快な自動的思考が出てきたときには，まずそのときの自分の状態を考えてみます。どんな状態なのか？何を考えていたのか？どんな気持ちだったのか？これがセルフ・モニタリングです。そして，不愉快な事柄の原因を自分自身に求めると気分が楽になります。たとえば，「自分はいつもこういうことを考える」と決めつけないで，「今疲れているから，こういうことを考えているんだ」ととらえることです。

　このように不愉快な気持ち，暗い気持ちにおそわれた場合，身体の状態はどうか，疲れていないか，困った出来事が続いていないか，そのように考える根拠は何か，なぜそこまで考えないといけないのか，といった視点から，一時立ち止まって自分自身の状態をチェックすることがまさにセルフ・モニタリングです。

2. 現実検証

　自分が考えていることや，いやな自動的思考が現実化する可能性がどの程度あるのか，これをチェックすることを**現実検証**といいます。

　まず思考の内容に認知の歪みがないかどうかをチェックします。またどの程度現実性があるのか，不安に思うことが起こる確率はどの程度高いのか考えます。

　たとえば，相手のいった言葉に引っかかっていれば，相手がどういうつもりでいったのか確認することも必要でしょう。相手の言葉を勝手に解釈してしまって，非現実の世界の中で，自分が苦しんでいるといったことがよくあるからです。

4.3 認知行動療法

たとえば今，気になっていること，心配なことを書いてみましょう．

- _____
- _____
- _____

今日の寝る前，明日，3日後，1週間後に，上に書いた気になっていることが，どのくらい現実になっているかチェックします．結果的には，取り越し苦労であったということが多いでしょう．

3. 日誌と記録による方法

これは否定的な方向に向きがちなクライエントの関心を肯定的な面にも向けるために，習慣的に日誌をつけるという方法です．

まず書くということで問題が対象化されます．そして，話合いの中で問題が明確になります．それが，また認知の修正の手がかりとなります．

具体的には，1日の出来事をふり返り，肯定，否定の両面から検討します．とくに肯定的な面は何かを取り上げ，話合いの中でそれをカウンセラーが強調します．これによって，クライエントのものの見方（認知の仕方）をつかむとともに，考え方を望ましい方向（肯定的な面）へと持っていくことに役立つのです．

4. 非合理的・非現実的信念のチェック

クライエントが考えていることが，合理的か非合理的か，現実的か非現実的かをふり返り，検討してもらう方法です．

もしそれが，非合理的であったり非現実的な信念であった場合には，それを修正する必要があります．

たとえば，「だれからも好かれないといけない」という信念，思いこみがあれば，それを「自分に好意を持ってくれる人もいるし，そうでない人もいる」とか「自分に好意を持ってくれる人が多いといいなあ」と修正することです．

ところで，論理療法を唱えたエリスはこの非合理的信念を，現実と願望との混同としてとらえています。

5. 帰属の修正

人は自分の行動を含めて，周りの事柄について「なぜだろう」とその原因なり理由なりを知りたいと思います。このような事柄についての原因の求め方を原因帰属といいます。

たとえば「努力したのに成績が悪かったのはなぜだろう」とその原因について情報を集め，いろいろと考えます。そして，「努力不足であった」とか，「運が悪かった」などと推測して，因果関係を求めようとします。

このように，帰属理論とは物事の原因を個人の内的要因（性格，態度，能力など）や外的要因（偶然，強制など）の中にさがし求める理論体系です。

認知行動療法では，この帰属のくせ（たとえば，うまくいかなかったのは，何でも自分が悪かったからだと考える）を修正し，本当の原因帰属がどこにあるのかをカウンセラーとクライエントが共同してさがすことにあります。

6. 思考停止法

不愉快な自動的思考が生じた場合，次の2つの方法を使って，短時間でも自動的思考を止める方法です。

一つは，心の中に不愉快な思考が生じたら，たとえば「ストップ」と心の中でいって，一切の思考を停止します。

もう一つは簡単な計算をする方法です。たとえば，「182から16を引いてください。それから18を引いてください」とクライエントに計算させます。

これらの方法は，ごく短い時間不愉快な思考から逃れられても，すぐまたそのような思考を始めるかもしれません。しかし，これらの方法には2つの意味があります。一つは短時間であっても不愉快な思考から逃れられ

ることです。もう一方は，もし不愉快な思考に悩んだときには，このような方法で一時的ではありますが対処できるという実感を持ってもらうことにあります。

7. 判断決定の学習

判断決定の学習というのは，クライエントの目標決定，意思決定を段階を追って進めていく方法です。

判断決定の学習では，課題を次のように構造化します。
(1) 何ができなくて困っているのか。
(2) それがどうなればよいのか。
(3) 要求の実現を阻止する条件は何か。
(4) 課題解決に必要な情報の収集。
(5) 取組みへの具体的方法。

このように，問題点を一つひとつ押さえ，クライエントの思考を整理しながら，話合いを進め，問題を解決していきます。

クライエントの中に，さまざまな問題や課題がある場合には，まず課題を箇条書きにして書き出します。次に重要度や時間的制約の条件などから整理し，優先順位をつけます。そして，優先順位の高い課題から，それぞれ構造化し，課題を順次解決していくのが一般的です。

8. その他の方法（技法）

その他の方法としては，①視点を変える，②代替案を考える，③イメージを利用する，④図書を利用するなどがあります。

「視点を変える」というのは，たとえば自分について，第三者の目でみることによって，自分をより客観的にみるというものです。あるいは，現在自分が悩んでいる問題があり，もし友人のA君が同じ問題で悩んでいる場合，A君は悩みに対してどのように対処するだろうかと考えてみることでもあります。いわば，自分を離れて問題をみてみるということです。

「代替案を考える」ということは，たとえば困難な問題にぶつかり，も

はや解決の見通しが立たないという状態で，残された可能性を模索することです。今まで考えてきた解決法ではなく，もっと違った観点から，異なった発想で検討するということです。

「イメージを利用する」ということは，たとえば自分が何かの問題で落ち込んだときに，イメージによって自分の気分を転換していくことです。ある課題にぶつかったとき，実際にその問題にうまく取り組んでいる自分を思い浮かべたり，うまくやり遂げた自分の姿を想像することです。

また，メンタル・リハーサルといって，何かを実際に行う前に，その事柄についてイメージしておくと，現実の場面での不安感情を軽くすることができます。

「図書を利用する」ということは抑うつや自動的思考を軽くするのに役立ちます。また，人間関係の理解，問題への対処法にも意義があります。

カウンセリングにおいては，面接が終わってから，クライエントに相談の内容に合った本を渡し，次回の面接までに読んできてもらい，必要に応じてその内容について話し合うというやり方もあります。

5 精神分析療法と精神分析的カウンセリング

5.1 精神分析の創始者フロイト

　フロイト（Freud, S.）は，1856年に現在のチェコのフライベルクに生まれました。ユダヤ人である父親は毛織物商人で，フロイトが3歳のとき，家族は一時ドイツのライプツィヒに住むようになり，4歳のときにオーストリアのウィーンに移住しました。

　フロイトは1873年，17歳でウィーン大学医学部に入学し，20歳のとき，当時ヨーロッパの医学界で指導的地位にあったブリュッケ（Brücke, E.）教授の生理学研究室に入り，神経系の発生に関する組織学的研究に従事することになりました。

　1882年，26歳のとき，研究を続けるかたわら，研究医としてウィーン総合病院の神経科に勤務することになりました。その後，医師として開業するに先立って，良い指導者を求めてパリに赴き，シャルコー（Charcot, J. M.）のもとでさらに研修を積みました。そこでフロイトは，シャルコーからヒステリーを催眠暗示下で治す方法について学びました。

　パリからウィーンにもどったフロイトは，開業し，それ以後は臨床家としての実践と独創的な構想を次々に発表し，「**精神分析**」（psychoanalysis）の創始者として活躍しつづけました。

　1938年，83歳のとき，フロイトはナチス・ドイツに追われ，パリを経て，ロンドンに亡命しました。そして，翌年1939年，84歳でガンのため

亡くなりました。

現在でも，フロイトが永年開業していたウィーンのフロイト・ハウスは保存され公開されています。

5.2 精神分析の理論

精神分析の理論を体系化したフロイトは，20世紀前半に活躍し，彼の思想は心理学，精神医学はもとより，文学，芸術など広い範囲に影響を及ぼしています。

精神分析の基本をなすものとして，フロイトは小児期体験の重視，小児性愛論，抑圧についての考え方，無意識の重視などをあげています。

フロイトの理論には絶えず変化と発展があり，これを整然とまとめるのは困難ですが，ここでは主な理論として，性格形成論（リビドー発達論），防衛機制論，性格構造論，コンプレックス論について述べます。

5.2.1 性格形成論（リビドー発達論）

フロイトは人間のあらゆる営みの原動力と本能衝動を性本能に求めました。

この性本能をフロイトは**リビドー**と呼びました。

フロイトは性本能をいくつかの部分衝動に分類し，それが精神発達と関係する点に注目しました。フロイトの設けた段階は，口唇期，肛門期，男根期（エディプス期），潜伏期，性器期の5つです。

フロイトの発達段階理論では，各段階での身体部位によって得られる快感をどのように受けとるかが，性格の中心的な元型を形成する重要な条件であるとしています。身体部位とは身体の内部と外部を結ぶ粘膜質の部分です。そして，このような身体部位での快感，不快感が人間の性格や人間関係の形成に大きな役割を持っているとするところに，フロイトの考え方

の特徴がみられます。

次に各段階での特徴と育児態度，性格の関連および他者との人間関係の変化などについて述べます。

1. 口唇期（oral stage）

口唇期は生後1年半ぐらいまでの乳児期にあたり，この時期では，乳を吸う活動を通して，口唇粘膜の快感を楽しみます。乳児が母親にまったく依存しているため，母親が子どもとどのような関係をつくるか，つまり母子関係のあり方によって，性格の基礎となる安心感や信頼感の有無が決定されます。母親に対する信頼感はまた，人間一般に対する信頼感の基礎ともなります。

2. 肛門期（anal stage）

肛門期は1歳半ごろから3～4歳ぐらいまでで，口唇期の後半として重複します。肛門や尿道の括約筋が完成し，排泄のしつけがなされる時期です。身体の内部から外部へ出すことにともなう快感を味わいます。排泄に対するしつけと，親がどのような態度でそれを行うかが重要な時期です。排泄訓練に手間どると，几帳面，けち，頑固といった特徴が多く現れます。また，しつけが早すぎたり，厳しすぎたりすると，我の強い，意地っ張りで拒否的な性格が形成されるといいます。排泄のしつけが適切であれば，自分で自分をコントロールできる安定した性格が形成されるとフロイトはいっています。

3. 男根期（phallic stage）

男根期は3～4歳ごろから6～7歳ぐらいまでで，4～5歳ごろ（エディプス期）には異性の親に対する性愛的愛着，同性の親に対するライバル意識や嫉妬を抱きます（エディプス・コンプレックス）。

後半になると，子どもは親をライバル視するのをやめ，モデルとするようになります（同一視）。子どもは親への同一視によって，男の子は男らしさを，女の子は女らしさを形成します。またこの時期では，子どもは親

の持つ道徳心や良心を身につけます。

4. 潜伏期（latency stage）

潜伏期は6〜7歳ごろから11〜12歳ごろの児童期にあたり，関心が勉学や遊びに向き，人間関係は家族以外の友人関係に拡張します。友人関係は同性中心で，それを通して男らしさ，女らしさが強化されます。また性的衝動が一時潜伏する時期です。

5. 性器期（genital stage）

性器期は11〜12歳ごろ以降で，思春期から成人期にあたります。この時期は身体的成熟が急激に進み，他者を強く意識し，他者との比較によって自己を評価し，それによって自己を強く意識するようになります。また，理想的自己と現実的自己とのギャップを意識しながら，主体的に自己を形成します。この時期の前半においては同性の友人，後半においては異性との間に相互的で密接な関係を築くことが重要な課題となります。

5.2.2 防衛機制論

人は欲求不満や葛藤による破局を予感すると不安になります。そのような状況を前もって避け，自己を防衛しようと反応を示すことがあります。それは無意識的な過程であり，フロイトによって**防衛機制**（defence mechanism）として明らかにされました。

この防衛機制は，人が環境に対してどう反応するか，その反応の仕方をパーソナリティとみなすとらえ方です。

私たちの日常生活の中には，さまざまな防衛機制が見出されますが，次に具体的にそれらについて述べます。

1. 逃　避

逃避とは不安を感じさせる場面から消極的に逃れようとする防衛機制です。これには退避，現実への逃避，空想への逃避，病気への逃避の4つの形態があります。

退避は自己の評価の低下が予想される場面を回避することです。これが習慣化すると，多くの現実から自分を隔離する自閉に発展することもあります。

現実への逃避は，適応の困難な事態に直面するのを避けて，それとは直接関係のない別の行動を始め，それに没頭することによって不安を解消しようとするものです。趣味や娯楽に熱中して気をまぎらすのはその一例です。

空想への逃避は，現実の困難な状況から自由な空想の世界へ逃げて，そこで現実に満たされない自己実現を夢見ることで，代償的満足を得ることです。

病気への逃避は，病気を理由に困難な事態から逃れようとするものです。これは仮病と違って無意識的に生じ，ヒステリー性の身体症状はその典型的な例です。

2. 抑　　圧

抑圧とは不快な出来事などを無意識の世界に押しこんで，意識の世界から忘れさせる心の働きで，他の防衛機制の基本になっているものです。

それは，現在直面している問題を意識面から排除しようとするだけですので，完全な緊張解消とはならず，しこりが残りやすいです。抑圧は防衛機制の中でもっとも重要であり，かつもっとも多く用いられているものです。

フロイトによれば，性の衝動や攻撃的行動は社会的に禁止されることが多いために，抑圧されて無意識化し，その存在に本人が気づかない面も多く持つといいます。

3. 投射（投影）

投射とは自分が持っている社会的に望ましくない感情を，周りの世界や他者に属するものとして，責任を転嫁することをいいます。たとえば，私たちが不安を感じたときに，この不安を減少させるために，不安の原因を

自分の内部ではなく，自分の外部の人や何かのせいにすることです。たとえば，「私はあの人が嫌いだ」と思えば，自分の良心に責められるため，「あの人が私を嫌っている」と相手のせいにするというものです。

被害妄想は投射のもっとも進んだ形であるといえます。

4. 同 一 視

同一視とは他人と同じように考え，感じ，振る舞うことによって，その対象を自己の中に取り入れる無意識的な心理的過程です。

これは，権威のある個人や集団と自分とを同一なものとみなして，自己の評価を高めようとする防衛機制です。たとえば，テレビの主人公などの服装や言動を表面的にまねて偉ぶったり，出身校などを自慢したりするのがその例です。

5. 反 動 形 成

反動形成は，自分の不安，罪悪感，攻撃的感情などを意識するのを防ぐために，それと正反対の感情を示す防衛機制です。たとえば，いやな人に親切にする，気持ちが悪いほど優しいというのはこの例です。

つまり，破壊を建設に，受動を能動に，残酷を優しさに，頑固を従順に置き換えることによって，自分に不安を抱かせるような内容を無意識の中に押しこむ機制であるといえます。

6. 合理化（理屈づけ）

合理化とは何かもっともらしい理屈をつけて，自己を正当化しようとする防衛機制で，「すっぱいブドウ」と「甘いレモン」の話がこの例となります。

「すっぱいブドウ」は，努力しても手に入らない対象の価値を低めることによって，また「甘いレモン」は，自分が持っているものの価値を過大評価することで緊張の解消をはかろうとする自己弁護のメカニズムです。「あばたもえくぼ」「出っ歯も愛きょう」もこの例です。

7. 補　　償

　補償とは劣等感を克服して，自らの弱点を他の分野で補い，優越感を求める防衛機制です。

　たとえば，学業面でのひけ目をスポーツ面や所持品などで補おうとするのがこの例です。

　また，自分の弱点を矯正するために，特別の努力をすることを過補償といいます。吃音(きつおん)（言葉をなめらかに発せられない言語障害）を克服して大雄弁家になったギリシャのデモステネスはこの例です。

8. 昇　　華

　昇華とは抑圧された欲求や衝動が社会的，文化的に承認される価値のある好ましい活動となって発現する防衛機制です。

　攻撃的傾向や性衝動による緊張などが，学問や芸術，スポーツなどで代償的に解消されるのがその例です。

9. 置 き 換 え

　置き換えとは外界のある対象に向けられた無意識的な欲求や衝動を他の対象に向けることによって，初めの対象からの攻撃を防いだり，不安，罪悪感，欲求不満などを解消しようとする防衛機制です。

　たとえば，異性に対して恐怖感を持っている人が，異性の持ち物に興味や愛着を示す（フェティシズム）のも置き換えの一例です。

10. 摂取（取り入れ）

　摂取は，すでに述べた同一視のもとになる心理過程で，外界の対象やその対象の持っている特徴を無意識的に自分の中に取り入れる防衛機制です。

　周囲からの保護を失ったり，拒否，処罰，孤独化されるのを防ぐために，周囲の期待に沿う行動をすることで不安を解消します。この中で，特定の人の考えや行動をそのまま取り入れることを同一視といっています。

5.2.3 性格構造論

　フロイトの**性格構造論**では，性格の構造として，イド（エス），自我（エゴ），超自我（スーパーエゴ）の3つの領域を考えています。この3つの領域は，それぞれ独自の機能，特性，内容を持っています。

　フロイトは人が持って生まれた本能をはじめ，すべての心理的エネルギーの源をイド（エス）と名づけました。それは無意識的，原始的で，また行動の源としての本能的衝動で，そこには生の本能（エロス）と死の体験（タナトス）があると考えました。

　自我は人格の中の意識的，知性的側面で，現実に適応する機能です。たとえば，イドの衝動をそのまま行動に移すと生命の危険や社会的な非難などが起こります。そこで，社会の中で現実に適応していくために，衝動的なイドにストップをかける必要があり，自我はその役割を果たしています。

　超自我は，道徳性や良心であって，イドの本能的衝動を抑え，自我に現実的な目標よりさらに高い理想を目指すように要求しています。

　フロイトは人間の心を1つの装置（心的装置）と考え，その心的装置の3つの領域の機能が力動的に関連し合いながら，人間の心を構成し，人間の具体的な行動が決定されると考えました。

　イドが強いと衝動的，感情的な行動が生じやすく，自我が強ければ，現実的，合理的な行動が生じやすいです。また超自我が強いと，道徳的，良心的行動が生じやすくなります。しかし，超自我があまり強いと，絶えず自分の行動を点検しなければ気が済まない強迫神経症的状態になったり，また非現実的な自己批判によって，うつ的状態に陥りやすくなります。

　フロイトによれば，精神の健康な状態というのは，自我が精神の主体となり，イドの衝動を超自我や現実の要請に応じながら満足させている状態です。したがって，自我を強化するとともに，柔軟性を身につけることが非常に重要な課題となります。

　つまり，イド，自我，超自我の3つの調和が保たれ，バランスがとれて

いるならば，環境への欲求を適度に満足させることができ，そのバランスがくずれると不適応な状態になるということです。

5.2.4 コンプレックス論

コンプレックスは観念複合体あるいは心的複合体と訳されていますが，一般的には，そのままコンプレックスと呼ばれることが多いです。日常的には，「彼はコンプレックスが強い」といった表現のように，個人の性格特徴を表現するために用いられ，特別な心理的わだかまり，あるいは心のしこりのことをいっています。つまり，一定の感情を核にした無意識の観念の集合体のことを意味しています。

日本では一般に，コンプレックスという言葉が「劣等感」に近い意味で使われていますが，これは誤りです。

コンプレックスは苦痛，恐怖感，羞恥心など，意識には受け入れ難い感情や観念であるため，自我によって抑圧されて無意識内にとどめられています。またその意識化は嫌悪感，無力感，罪悪感などをともなうためにかなり難しいです。

コンプレックスはだれでも持っていますが，それに気づかない場合が多いです。自分のコンプレックスに気づけば，それを意識して行動するので，衝動的にコンプレックスに動かされないで済むようになります。

コンプレックスには，①エディプス・コンプレックス，②エレクトラ・コンプレックス，③カイン・コンプレックス，④ダイアナ・コンプレックス，⑤スペクタキュラ・コンプレックス，⑥劣等コンプレックス，⑦退行コンプレックスなどがあります。

エディプス・コンプレックスは，フロイトのいうエディプス期（4〜5歳ごろ）の男の子が，無意識のうちに母親に対して異性としての愛着を持ち，父親に対しては，排撃すべき同性として敵意を持つようになり，この敵意への罰としての不安を持つようになります。また，このときの罰の不

安に関連して，父親から去勢される不安を中心として去勢コンプレックスが形成されます。

エレクトラ・コンプレックスというのは，幼児期に女の子が無意識のうちに父親に対して異性としての愛着を持ち，母親に対して同性としての敵意を持つことをいいます。

カイン・コンプレックスはきょうだい間の葛藤を中核としたコンプレックスであり，ダイアナ・コンプレックスは，女性が男性に負けたくない心理，男性のようになりたい心理のように，自分が女性であることを許容できない女性にありがちのコンプレックスです。

また，スペクタキュラ・コンプレックスは，女性の体を見たい男性の心理，男性に自分の体を見せたい，見てもらいたいという女性の心理に関するコンプレックスです。

さらに，劣等コンプレックスは，自分を他人と比較し，自分の弱点，無力を意識したとき，「ひけめ」を感じるコンプレックスであり，退行コンプレックスというのは，現実のある発達段階から，より早期の未熟な段階に後もどりすることによって不安を解消し，欲求の満足を得ようとするコンプレックスです。

5.3 精神分析療法の技法

精神分析療法の技法は，すでに述べた精神分析理論にもとづいたものです。

精神分析療法の目標は，心理的葛藤の意識化におかれています。つまり，治療の中で，無意識の感情体験や空想などのクライエントの内的世界を自覚的に理解させることであり，この療法によって，抑圧されていた感情体験が解放され（カタルシス効果），クライエントは，自分の無意識に気づき（洞察），症状が緩和します。

5.3 精神分析療法の技法

無意識をさぐる技法としては，自由連想法と夢分析があります。

自由連想法は，クライエントが何でも頭に浮かぶことを選択せずに，ありのままに治療者に話し，治療者は連想が進むように非指示的に援助する方法です。

夢分析では，クライエントが夢をできるだけ詳しく思い出し，夢を構成するいろいろな要素について自由連想する方法です。

分析の方法には，「抵抗分析」と「転移分析」があり，それらの分析をもとに治療者が解釈します。

クライエントは，抑圧された無意識的欲求を意識化する過程で何らかの抵抗を示します。たとえば，黙る，拒絶する，ある話題を故意に避ける，面接をキャンセルするなどさまざまな形をとります。この抵抗の原因を分析し，抑圧や防衛機制のあり方を明らかにするのが抵抗分析です。

また，クライエントはしばしば治療者に対し，個人的な感情を向けてきます。この感情を**転移感情**といいます。転移は一般に，クライエントの父親または母親に対する未解決のまま持ち越されてきた感情や欲求を表すことが多いです。クライエントは，無意識に感情の対象を治療者へと置き換えるのです。これを分析することによって，クライエントの幼児期の親子関係を明らかにする手がかりを得ることができるのです。

さらに治療者は，抵抗や転移の分析から，クライエントの不合理な抑圧や防衛機制，症状の意味を明確にし，クライエントに説明します。これが**解釈**です。

治療者の解釈をクライエントが受け入れ，意識化（洞察）することによって症状は消えていきます。このような解釈や洞察を何回も繰り返す過程を「徹底操作」と呼んでいます。

精神分析療法では，治療者とクライエントの双方の合意にもとづく治療契約が交わされて，その上で治療が開始されます。治療は治療者とクライエントが協力しながら展開していくことが必要です。この関係を「治療同

盟」あるいは「作業同盟」と呼んでいます。

治療者は，十分に自分自身をコントロールし，中立的，受容的態度をとり，**逆転移**（治療者が抱くクライエントに対する感情）に注意を払わなければなりません。

治療者は，自ら自己分析し，教育分析を受けなければなりません。

教育分析というのは，精神分析家になるために，他の精神分析家から精神分析を受けることです。つまり，教育的意味を持った精神分析のことをいいます。

一方，クライエントは自由連想において，包み隠さず思いつくままを正直に治療者に語ることが大切です。

5.4 精神分析的カウンセリングの理論と技法

精神分析療法は一般的には神経症患者を対象とした治療法ですが，精神分析的カウンセリングは健常者も対象としたものです。

たとえば，親子関係，恋愛，結婚，人生観，進路，人間関係などの問題をかかえた人々のために，精神分析療法の原理（無意識の意識化）を活用してカウンセリングが行われます。

精神分析的カウンセリングが精神分析療法と異なる点は，
(1) 自由連想法を用いず，対面法である。
(2) 面接は必ずしも定期的でなく，随意面接もある。
(3) 夢分析をするほど深層にふれる場合は少ない。
(4) 心理的な治療よりも問題解決に焦点を合わせることが多い。

精神分析的カウンセリングとは，具体的にどんな方法によって行うのでしょうか。それは自分では気づかないままに繰り返している行動に気づかせ，その行動を変容させることです。

精神分析的カウンセリングでは，意識することが人間にとって重要であ

ると考えています。したがって，性格や行動を変えるためには，今まで何気なしにしてきたことを意識にのぼらせることが必要となってきます。

それでは，無意識を意識化する場合，具体的に何を意識化させるのでしょうか。無意識の意識化には，行動のパターン，行動の意味，行動の原因に気づかせるという目標があります。

第1に，行動のパターンに気づかせることです。行動のパターンに気づかせるということは，クライエントの行動に関して，カウンセラーが問題提起をすることです。たとえば，「君はいつも遅刻してくるね」とクライエントにいいます。人によっては，問題を提起されただけで，行動を変えることがあります。

行動のパターンを指摘するときに大切なことは，なるべく事実を客観的に語ることです。事実を指摘した後は，本人のその言葉に対する自己評価にまかせるのです。

第2に行動の意味の解釈です。たとえば行動のパターンを指摘しただけでは，クライエントはピンときません。そのときは，一歩進んでその行動について解釈する必要があります。

行動の意味の解釈とは，その行動によってクライエントがどんな欲求を満たそうとしているのか，つまり行動の無意識的な意味をカウンセラーが説明することです。

このように，精神分析的カウンセリングでは，クライエントに自分の行動のパターンに気づかせ，また行動の意味に気づかせることによって，クライエントの行動変容をはかるというわけです。

しかし，それでもなお行動変容に至らないことがあります。

そこで第3には，行動の原因に気づかせるということが重要となってきます。それは，なぜクライエントが，そういう行動を身につけたか，その原因を明らかにすることが最終の目的となります。行動の原因を明らかにするといっても，クライエントから得た情報にもとづく推論による場合が

多いです。しかし，推論によって行動の原因，つまり因果関係をはっきりさせることは，クライエントの行動変容に大きな意味を持っているといえます。

精神分析的カウンセリングでは，結局，クライエントの一つひとつの行動の背後に潜む無意識的感情を明らかにしようとするところに特徴があるといえます。

最後に精神分析的カウンセリングの例として，2つの事例をあげます。

事例 1
（行動のパターン）……年上の人とけんかをする傾向がある。
（行動の意味）……実は年長者が恐いので先制攻撃しているのでは？
（行動の原因）……父親に対して恐怖心があったのでは？

事例 2
（行動のパターン）……人にものを頼まれると断れない。
（行動の意味）……すべての人から好意を失いたくないからでは？
（行動の原因）……両親やきょうだいの気持ちを気にしてばかりいたのではないか？

6 折衷的カウンセリング

6.1 折衷的カウンセリングの考え方

折衷的カウンセリングとは，クライエントの問題に応じて，またカウンセリングの段階に応じて，もっとも適した理論，方法，技法をとる立場（折衷主義）にもとづいたカウンセリングのことです。

折衷的カウンセリングの立場にあるアイビイ（Ivey, A. E.）は「どの方法を，どの人に，どういう場合に適用したらよいかを考えよ」といっています。

折衷的カウンセリングの特徴は，特定の理論，技法に固執せず，状況に応じて自由にいろいろな理論や技法を使うところにあります。つまり，折衷的カウンセリングというのは，カウンセリングにおける一つのアプローチの仕方です。

折衷的カウンセリングが必要な理由は，現在のところ，いかなる問題にも有効で完全であるといった理論，方法，技法がないからです。つまり，どの理論，方法，技法にも長所，短所があり，また限界があるということです。

ところで，カウンセリングの立場には，伝統的に2つの大きな流れがあります。一つは臨床的カウンセリングの立場であり，もう一つはクライエント中心のカウンセリングの立場です。

一般に，前者は指示的であり，後者は非指示的であるといえます。言い

換えると，臨床的カウンセリングでは，比較的直接的な示唆や助言，情報の提供などを用いるのに対して，クライエント中心のカウンセリングでは，傾聴がとくに強調されています。つまり，すべてのカウンセリングには，広い意味で解釈と傾聴という2つの基本的技法が含まれているといえます。そのどちらかを強調するかによって，それぞれ異なった立場が生じてくるのです。

その結果，解釈と傾聴を適切に採用するという方法が考えられ，これが折衷的カウンセリングの基本的な考え方となっています。

傾聴はカウンセリングの初期の段階で主に用いられ，解釈は後の段階で与えられるという一般的な傾向はありますが，折衷的カウンセリングではそれに限定されるのではなく，解釈と傾聴は必要に応じて適宜用いられるのです。この点で，折衷的カウンセリングは，他の立場のカウンセリングに比べて，融通性に富み，無理がない方法であるといえます。

折衷的カウンセリングの立場にあるロビンソン（Robinson, F. P.）は，カウンセリングの目標に向かう方向づけをリード（lead）と呼んでいます。彼はこのカウンセリングの技法を次の4つの段階に分けています。

6.2 折衷的カウンセリング4段階の技法

ロビンソンの折衷的カウンセリング4段階の技法のうち，第1段階と第2段階はクライエント中心カウンセリングの技法にほぼ対応し，第3段階，第4段階は，臨床的カウンセリングの技法に対応しているといえます。

第1段階では，沈黙，受容，繰返し，明確化，要約です。

1. 沈　　黙

クライエントが自分の問題について話したいという要求の強いときには，カウンセラーが黙って聴いてくれるほうがずっと話しやすいです。

沈黙はクライエントに話させることによって，クライエント自身の問題

に気づかせるのに役立っています。

2. 受　容

いわゆるあいづちで，「ええ」「はい」「そうですか」などの短い言葉によって，カウンセラーがクライエントを理解し受容していることを伝えることです。

3. 繰返し

クライエントの話した事柄を，そのままの言葉で反復することです。したがって，そこにはカウンセラーの解釈や意見などの要素は含まれません。

4. 明確化

クライエントの発言の内容をまとめ，比較的はっきりしていることについて，正確に，しかも簡潔にクライエントに伝えることです。

そのことによって，クライエントが自分の問題の本質を明確にみることができるように援助することができます。

5. 要　約

それまで話されてきた内容について簡潔にまとめ，要約することです。これはカウンセラーがクライエントを理解し，受容していることをクライエントに伝える意味があります。

第2段階では，是認，一般的リードです。

1. 是　認

クライエントの発言内容のある点を是認することによって，それにかかわる考え方の行動への影響を増加させようとするものです。また是認によって，一層深く受容されているというクライエントの感じ方を強めることにも役立つのです。

2. 一般的リード

この技法は，問題の内容について，もっと深く立ち入ろうとするとき，「そのことについて，もう少し話してくださいませんか？」や，特定の話題が終結したとき，「その原因は何だと思いますか？」といった表現で用

いられます。

第3段階では，仮の分析，解釈，説得です。

1. 仮 の 分 析

仮の提案として，問題の別の新しい見方，あるいは考え方を示す技法です。そのことによって，クライエントに，問題に対する新しい視野を開かせることを意図しています。

2. 解　　釈

クライエントの発言や行動について，カウンセラーが推測し，それについて考え方を告げることです。したがって，解釈がクライエント自身の考えや要求に一致していれば受け容れられますが，そうでない場合には受け容れられません。

3. 説　　得

解釈と説得を明確に区別することは困難ですが，説得にはカウンセラーの価値観が一層顕著に加わってきますし，問題の直感的な解決法が提示されます。したがって，クライエントの抵抗を引き起こしやすいです。

第4段階では，深層解釈，否認，保証，新しい問題の導入です。

1. 深 層 解 釈

精神分析理論のような特定のパーソナリティ理論にしたがって，クライエントの言動や問題の原因・意味を説明する技法です。これはとくに無意識の奥底に触れることになるので，クライエントに強い抵抗を起こす可能性が強いです。

2. 否　　認

カウンセラーがクライエントの考え方を真っ向から否定し，その考え方を変えるべき適切な方向を提示することです。しかし，一般的にはクライエントの反抗や反発を招き，議論をたたかわす結果となり，カウンセラーの拒否までももたらしかねない恐れもあります。

3. 保　　証

　カウンセリングの終結に近づくにしたがって用いられることが多いです。ここではカウンセラーがクライエントにとって，権威者的存在であることが必須条件となります。保証に関するカウンセラーの判断が真実であるとクライエントが信じる場合には効果を発揮します。しかし，そうでない場合には，不信感や反感を起こしかねません。

4. 新しい問題の導入

　問題の新しい局面へと話合いが転換されることです。したがって，クライエントにとっては，これまで話してきた事柄の否認と受けとられやすいです。とくに導入された新しい話題が，それまでの話合いの内容とまったく無関係であった場合には，一層問題があります。

ы
第Ⅲ部

心理アセスメントと心理検査

第Ⅲ部では，カウンセリングと心理アセスメントとの関連，心理検査の種類と方法について解説します。
　「7章　カウンセリングと心理アセスメント（査定）」では，まず心理アセスメントとは何かについて説明し，具体的な心理アセスメントの方法について解説しています。
　心理アセスメントの方法には，①面接による方法，②行動観察による方法，③心理検査による方法，がありますが，これらの方法は，カウンセリングでクライエントの現在の状態を査定し，カウンセリングの具体的な方針を立てるのに用いられています。
　第Ⅲ部では，心理アセスメントの中でもとくに心理検査による方法をカウンセリングと関連づけて解説しています。
　具体的なテーマとしては，①カウンセリングにおける心理検査の効用，②カウンセリングにおける心理検査の利用と倫理，③心理検査実施による診断と予測に関する留意点などが述べられています。そして最後に，心理検査実施の事例として，女子大生Mさんのカウンセリングの主訴と心理検査の結果との関連を解説しています。
　「8章　心理検査の種類と方法」では，心理検査の主な検査である知能検査，性格検査，職業興味検査について述べています。
　知能検査に関しては，知能検査の歴史，知能指数，知能偏差値，知能検査の意義と限界について解説しています。
　また性格検査に関しては，性格検査の歴史，性格検査の種類について解説し，性格検査の種類として，質問紙法，作業検査法，投影法について，具体的に検査を紹介しながら解説しています。
　最後の職業興味検査については，ホランドの作成したVPIを例として，その特徴などについて概説しています。
　つまり，この第Ⅲ部では，カウンセリングにおける心理アセスメントの意義と役割の重要性を理解することを主な目的としています。

7 カウンセリングと心理アセスメント（査定）

7.1 心理アセスメントとは何か

心理アセスメントとは，クライエントの現在の状態を主に初回の面接（受理面接）のときに査定し，カウンセリングの方針を立てることをいいます。

心理アセスメントは心理療法あるいは心理臨床では積極的に行われますが，カウンセリングでは，クライエントにラベルを貼ることとして，心理アセスメントに対して否定的なカウンセラーもいます。

一般的には，クライエントの治療方針，処遇や援助の方針を立てるために，症状，問題行動，それと関連したパーソナリティや種々の環境要因を心理検査，行動観察，面接を行って明らかにすることです。

アセスメントとは要するにクライエントについて，何らかの判断をする必要がある場合，心理的手続きによって情報を入手し，これを通してクライエントを理解し，判断していくプロセスです。

7.2 心理アセスメントの方法

心理アセスメントの方法には，①面接法，②行動観察法，③心理検査の3つがあります。

7.2.1 面 接 法

面接法は人間理解の基本的方法であり，ある意味では他のどの方法よりも重要であるといってもよいです。

面接法を用いるには，面接者自身（カウンセラー）が，十分慎重な態度で臨まなければなりません。そのためには，カウンセラーはクライエントとの間にラポール（ラポート），つまり親和関係，信頼関係をつくらなければなりません。

しかし，面接のみによってなされた評価が客観的で信頼できるものかどうかという問題があります。たとえば，何人かの面接者が特定の人を評価しようとした場合，結果がすべて一致するということは少ないです。そこで，面接中はクライエントの態度，表情，言語表現などをよく観察して，クライエントの気持ちを洞察することが大切です。つまりクライエントの立場に立って理解しようとする態度が重要です。

7.2.2 行動観察法

行動観察法は心理検査や面接ではとらえられないような面をとらえるため，行動や言語表現などについての情報を記録し，分析するもっとも基本的な方法です。

心理アセスメントとしての観察は，クライエントとカウンセラーが顔を合わせてから別れるまでを通して行います。たとえば，カウンセラーがクライエントを迎えに行ったとき，クライエントはどんな姿勢で座っていて，どんな表情であったかなど，あらゆることが観察の対象となります。

観察にあたって注意すべき点は，まず何を重点として観察するかを明確にすることです。またどんな状況で観察したかを常に考慮に入れる必要があります。それは人によっては，場面や状況によって表現する態度が異なる場合があるからです。さらに，観察には観察者の主観が入りやすいということを十分に理解しておく必要があります。

観察というのは一見容易なようですが，実際にはきわめて難しく，観察者の経験や能力によって結果が左右されます。観察にあたっては，人の行動や性格についての豊富な知識を持っていることが必要となります。

7.2.3 心理検査
1. カウンセリングにおける心理検査の効用

心理検査の多くは，実施方法や，刺激として用いられる図形あるいは質問項目，さらに反応として得られるクライエントの結果の評価が，あらかじめ標準化されていますので，カウンセラーが客観的に判断することができます。また多くの心理検査は，比較的短時間で実施が可能であり，検査結果を数量的に比較できる客観性を持っているといえます。

心理検査はまた，カウンセラーがクライエントとコミュニケーションをとる一つの方法として利用できます。カウンセリングでは，相談，治療に必要な材料をクライエントから引き出さなければなりませんが，クライエントがなかなか口を開かず，カウンセリングが進まない場合があります。このような場合，心理検査の実施がきっかけとなって，クライエントの緊張を解きほぐし，カウンセリングに必要な材料を引き出すことができることも少なくありません。また，時には抑圧された過去の記憶を引き出し，その記憶の再生そのものが治療効果の促進につながる場合があります。このような点からも，心理検査のカウンセリングにおける有効性をみることができます。

またカウンセリングの過程で心理検査を行い，その後，クライエントが自分自身の心理検査の結果を治療の過程に入れていくこともあります。つまり，心理検査を使ってクライエントに自己を理解させることは時に重要であり，このようにすることによって，クライエントは自分の傾向を自分で発見し，自分自身を一定の距離をおいて見つめることができるようになり，またカウンセリングに対して適切な態度を持つことができるようにな

るのです。

2. カウンセリングにおける心理検査の利用と倫理

カウンセリング場面で、心理検査を積極的に利用する場合として、次の5つが考えられます。

(1) 面接が行きづまってしまって、進行が止まってしまったり、あるいは問題の核心が十分につかめなくなってしまった場合には、心理検査によってカウンセリングに必要な洞察を得ることができます。

(2) クライエント自身に問題意識がない場合、あるいはクライエントが自己について語ることに困難を示しているときには、心理検査を実施して、その結果についてクライエントに話すことは、後のカウンセリングの進行に有効です。

(3) クライエントにとくに重大な問題がなくても、心理検査を実施することで、クライエント自身に自己理解、自己啓発の手がかりを与えることができます。

(4) クライエントがカウンセラーを受け容れることに困惑を示したり、あるいは自分がわからないとか、自分に強い劣等感を持っているといった、自分に対する否定的態度を持っている場合、心理検査を実施することで、クライエント自身に客観的に自己を見つめ直すきっかけを与えます。

(5) 進学、就職といった進路相談において実施することで、クライエント本人の将来の方向性への資料とします。

ところで心理検査利用の意義として、次のような事例があります。

神経症的傾向が強く、不登校の中学2年のある男子生徒は、初めの2回の面接ではほとんど話さなかったのですが、3回目に心理検査を実施したところ、次回の面接では、カウンセラーに対して肯定的になったり、自発的に質問するなど積極的な態度を示すようになりました。

このように心理検査は、クライエントの身構えを取り除いて問題を引き出し、クライエントに自分自身を理解する手がかりを与えるのです。また、

その解釈もカウンセラーが一方的に与えるのではなく、クライエントの積極的参加を通じて、相互に協力して行うことが大切です。

3. 心理検査実施による診断と予測に関する留意点

現在、日本において使用されている心理検査の種類はきわめて多いですが、心理検査の実施、およびそれにともなう診断と予測に関しては、次のような点に留意すべきです。

(1) 心理検査に関する十分な知識と経験……心理検査を実施する場合には、カウンセラーが検査に対して十分な知識と経験を持ち、また結果の解釈に習熟していることが必要です。

(2) 標準化された心理検査の使用……心理検査という限り、多くの被検査者を用いて標準化され、とくに妥当性、信頼性を備えていなくてはなりません。さらに、このような条件を備えた心理検査の実施にあたっては、手引書や解説書通りに行うことが大切であり、自己流に行ってはなりません。

(3) 使用目的の明確化……それぞれの心理検査は、限られた人格の側面や心の働きを測定する目的を持っています。したがって、カウンセラーは、そういう目的で何を知ろうとしているのかを明確にし、クライエントに応じた心理検査を用いるべきであり、ただ漠然と心理検査を実施すべきではありません。

(4) 心理検査の結果でレッテルを貼らない……心理検査の結果は、心理学的診断のための一つの資料であり、その結果だけでクライエントが精神障害者であるとか、何型の性格であると決めつけてしまうことは実に危険なことです。心理検査は、あくまでもクライエント理解の手がかりの一つとして考えるべきです。

(5) 心理検査実施に関するクライエントの了解と信頼関係（ラポール）……カウンセラーが心理検査を実施する場合に、まず最初に取り組まなければならないことは、クライエントが検査を受ける際の不安や恐れを取り除くことです。そのためには、検査を実施するカウンセラーと検査を受ける

クライエントとの間に，検査を実施する前に十分な信頼関係をつくることを忘れてはなりません。

(6) 心理検査状況の影響……心理検査を実施する場合には，検査状況の影響を常に考えておく必要があります。たとえば，検査の場所が学校か病院か，あるいは会社であるかによって，被検査者の態度は異なったものとなりやすいです。たとえば，ある心理検査を会社の入社試験で実施したとすれば，被検査者は，自分をよく印象づけようと回答するかもしれません。しかし，同じ検査を病院の神経科外来で行えば，患者によっては自分の欠点や弱さを強調して回答するかもしれません。

(7) クライエントに対する検査結果の伝え方……心理検査の結果をどのように伝えるかは，伝える相手が問題を持っているがゆえに，その伝え方には特別の配慮が必要です。

検査結果は，クライエントに希望を与えるような伝え方をしなくてはなりません。そのためには，クライエントに自分の症状や問題を何とかしたいという気持ちが起こるような伝え方が工夫されなくてはなりません。

4. 心理検査実施の事例

心理検査実施の事例として，ここでは，ある質問紙法の心理検査を受けた大学2年の女子学生Mさんの結果について述べます（なお，この事例についての記述はMさんの了承を受けています）。

Mさんは摂食障害（過食症）でカウンセリングを受けにきたのですが，ここでは，カウンセリングのプロセスを述べるのではなく，検査の結果とMさんの自分の性格に対する自己評価との関連について考えてみます。

Mさんは，「人とどのようにかかわっていいのかわからないので，人の中ではいつも黙っている」「自分はただ，そこにいるだけだ」といっています。

「自分はわがままで自分勝手，そのため人とうまくやっていけない」「気が変わりやすく，やるときは何でも思いきってやるが，やらなくなると何

7.2 心理アセスメントの方法

もやる気がしない」

　このような性格を何とか治したい。そのために，まず性格検査を受け，自分のことをもっと知りたいとのことでした。

　そこで，各種の心理検査の中で，本人にとっても比較的受けやすく，検査結果をフィードバックしやすい質問紙法の検査を実施することにしました。

　心理検査の結果より，Mさんの性格は次のようにいうことができました。

　「悲観的に物事を考えやすく，そのため憂うつな気分に陥りやすい。また感情的であるため，気が変わりやすい傾向が認められる。自信がないので劣等感を持ちやすい。時に物事に対して過敏になりやすく，そのため物事を全体的にみることができなくなってしまう。

　仕事や勉強などに対しては，あまり活発でなく，むしろやる気が起こらないといった傾向が強い。また物事を深く考えすぎてしまって，行動にまで移らないことが多い。

　対人関係では，人との接触を避ける傾向がみられ，表面的には人の言いなりになってしまうことが多い。しかし，本来は人と協調してやっていくことは苦手であり，時として我が強いあまりに自己統制がきかず，他人に対して，ひどく攻撃的になったりすることがある」

　このケースでは，Mさんの自己認知と性格検査の結果が，かなり一致していたので，Mさんも納得し，また自分の性格の全体像や問題点も，はっきりみえてきたと述べています。

　Mさんに性格検査を実施したのは1回だけで，その後は実施していませんが，Mさんが自分の性格検査の結果を知ってからは，Mさんに無理のない，何か自然で明るい表情が出てきています。それは，おそらくMさんが予想していた自分と性格検査の結果とが一致していたという一種の安心感から出ているのかもしれません。別な言葉でいえば，心理検査を受

けたことで，Mさんはわずかではありますが，自己受容できるようになったのかもしれません。あるいはまた，以前よりも自分を客観視でき，自分で自分がはっきりみえてきたということによるかもしれません。

このように，心理検査を実施するということは，カウンセリングにとって意味があるばかりでなく，クライエントの自己理解にとっても非常に有益であるといえるでしょう。

8 心理検査の種類と方法

8.1 知能検査

8.1.1 知能検査の歴史

現在，世界で広く用いられている個別式**知能検査**（intelligence test）の原型は，1905年フランスのビネー（Binet, A.）とシモン（Simon, T.）によって発表されました。

これは当時の小学校の新入生の中に，普通の子どもと一緒に教育を受けることが難しい精神遅滞児が混ざるのを避けたいというパリの教育当局の依頼によって作成されたものです。

この検査は困難度の異なる30項目の問題で構成されていました。ビネーは1908年にこの尺度を改訂し，「精神年齢」によって知能の発達程度を示す方法を工夫しました。

その後，各国で「ビネー検査」の改訂が行われました。

アメリカのターマン（Terman, L. M.）とメリル（Merrill, M. A.）によって作成された「スタンフォード・ビネー検査」は，大規模な集団を基準とし，かつ「知能指数」による表示方法を用いたので，著名なものとなりました。この検査には120個の問題があり，3歳から成人までの知能の測定が可能です。

その後，1939年にアメリカのウェクスラー（Wechsler, D.）は，「ウェクスラー・ベルビュー式知能検査」を作成しました。この検査は，知能を

より診断的に測定するために,「言語性検査」と「動作性検査」の2領域に分け,それがさらにいくつかの下位検査に分かれています。この検査は個人の知的構造をより質的に把握できる点で,ビネー検査にない新しい面を持っているといえます。

8.1.2 知能の程度を表す方法

知能テストの結果は,一般に正答に対する点数で示されます。この点数を集団や年齢の基準と比較して,はじめて個人の知能の程度がわかるのです。

知能の程度を表すには,次のような方法があります。

1. 知能指数

年齢尺度を採用している知能検査では,それぞれの年齢に相当した問題が段階的に配列されています。個人が解決した問題の程度をそれに相当した年齢で表したものを「**精神年齢**」(mental age；MA)と呼んでいます。精神年齢10歳という場合,満10歳の子どもの成績に等しいことを意味しています。

一方,実際の年齢を生活年齢(chronical age；CA)と呼んでいます。ターマンは,精神年齢を生活年齢で割り,それを100倍したものを「**知能指数**」(intelligence quotient；IQ)とする,有名な指標をつくりました。

$$\text{知能指数 (IQ)} = \frac{\text{精神年齢 (MA)}}{\text{生活年齢 (CA)}} \times 100$$

知能指数100ということは,年齢相応の知能であることを表し,100より高いほど,知能が優れ,100より低いほど,知能が劣っていることを意味しています。

2. 知能偏差値

「**知能偏差値**(intelligence standard score；ISS)」というのは,個人の

知能の程度と，その個人の属している年齢集団の平均的な知能の程度との差を，「標準偏差」(standard deviation；SD) を単位にして表したものです。

知能偏差値を算出する公式は，次の通りです。この数値が50より多いか少ないかによって知能の優劣が判定されます。

$$\text{知能偏差値(ISS)} = \frac{10（個人の成績（X）－同じ集団の平均成績（M））}{標準偏差（SD）} + 50$$

8.1.3　知能検査の意義と限界

知能検査によって得られた値を，絶対的なもののように思いこむのは，はなはだ危険ですが，知能検査の有効性を理解することも大切です。

次に知能検査の意義とその限界について考えてみます。

(1) 知能検査は知能の程度を概略的に知ることを目標とする限りは，実用的に有意義です。しかし，成績に現れたわずかな差異を重視することは，かえって危険です。

(2) 知能検査の成績によって，ある程度，個人の適正や教育可能性などについて判断することができます。しかし，それを職業選択の基準とするようなことは，知能検査の限界を越えた使い方です。

(3) 知能検査を実施する場合には，できれば数種類を併用し，それぞれの成績を比較検討することが望ましいです。さらに，それぞれの知能検査の効用と限界を十分に理解しておくことが必要です。

8.2　性格検査

8.2.1　性格検査の歴史

性格検査のはじまりは，イギリスのゴールトン (Galton, F.) が19世紀

後半に心理的特性の評定法として考案した質問紙法にあるといわれています。

第1次世界大戦中には，アメリカのウッドワース（Woodworth, R. S.）が多数の質問を印刷した用紙を与えて，これに対する自己報告を求める性格調査目録を作成しました。

その後，この形式の検査が数多く作成され，中でも1943年にアメリカのミネソタ大学で考案された**MMPI**は代表的なものです。

投影法に関しては，1921年にスイスの精神病理学者ロールシャッハ（Rorschach, H.）がいわゆる**ロールシャッハ検査**を発表し，高く評価されました。

その後，1938年にアメリカのマレー（Murray, H. A.）が**TAT**（絵画統画検査）を発表し，その後，**SCT**（文章完成法検査）や**P-Fスタディ**（絵画欲求不満検査）などの投影法が開発されるに至りました。

日本では，内田勇三郎が1933年にドイツの精神病理学者クレペリン（Kraepelin, E.）の連続加算にヒントを得て，これを作業仮説として構成し，その基礎を完成させた**内田クレペリン精神検査**を発表しました。

今日では，性格検査は教育界のみでなく，人事採用や人事配置などの人事管理の面にも活用されています。さらに，精神障害者の診断やカウンセリングのための基礎資料を得るために用いられるなど，臨床面においても活用されています。

8.2.2 性格検査の種類

1. 質問紙法

質問紙法は，被検者が持つ性格特性を客観的に測定するため，被検者に多くの質問項目を与え，それについて自分自身の内省によって自己評価させ，その結果を統計的に処理する方法です。

回答の形式は，「はい」「いいえ」「どちらともいえない」の3件法をと

8.2 性格検査

るものが一般的には多いです。

質問紙法は実施が簡単であり，適用範囲が広く，採点などにより結果の処理が客観的に行われ，数量化も容易であり，また多人数に同時に実施できます。

さらに質問紙法では，行動観察などではとらえることができない個人の内的な経験を知ることができるので，性格検査の中でも，現在もっともよく使用されています。

しかし，質問紙法には，いくつかの限界や短所があります。まず，質問紙法は被検者の内省にもとづく自己評定ですので，意識的，無意識的に誤りが入ってしまいます。たとえば，被検者が回答の結果を予測して，わざと回答を歪めたり，あるいは無意識的な自己防衛の機能が働いて，結果として，うそになるという場合があります。

また評定が自分自身にまかされているために，質問の意味が理解できなかったり，意味を読み違えてしまったりすることもあります。

さらに，質問項目の内容が場面や状況によって左右されることが多い場合には回答が難しく，回答がその時々により変化してしまうということもあります。

質問紙法の代表的なものとして，MMPI，MPI，CMI，EPPS，KT性格検査，YG性格検査，TEGなどがあります。

ここでは，質問紙法の例として，KT性格検査を紹介します。

KT性格検査は，ドイツの精神病理学者クレッチマーの類型論をもとに作成された質問紙法によるパーソナリティ検査です。Kはクレッチマー (Kretschmer) のK，Tはタイプ (Type) のTを表しています。

この検査は，クレッチマーの類型論での分裂気質をS型（自己抑制型），躁うつ気質をZ型（自己開放型），粘着気質をE型（着実型）とし，さらに，クレッチマーのいう神経症的徴候とパラノイア徴候をもとに，神経症的徴候をN型（繊細型），パラノイア徴候をP型（信念確信型）とした5

つの類型から構成されています。

KT性格検査は，人の正常，異常を判定するものではなく，被験者が自己理解を深め，自己成長や対人関係を円滑にするための方法として有効です。

また，集団で一斉に実施できる検査として作成されていますが，個別検査としても使用することが可能です。

2. 作業検査法

作業検査法は被検者に一定の具体的な作業を与えて，そこで実際の行動および作業経過やその結果から，性格を測定しようとする方法です。

一般にこの方法では作業条件が明確に規定され，検査が実験的な性格を持ち，さらに何を測定しているかという検査の意図を被検者に気づかせないという長所があります。

作業検査法の中で，現在もっともよく使用されているのは，内田クレペリン精神検査です。

内田クレペリン精神検査は，ドイツの精神病理学者クレペリンが1902年に発表した精神作業に関する研究にヒントを得て，内田勇三郎が研究し，検査化したものです。

この検査は数字を次々に加算し，その答を数字の間に書き入れていくというものです。

最初に練習を2分間行ってから本検査に入ります。本検査は前半15分，5分の休憩をはさんで後半15分実施します。検査者は1分経過ごとに合図をして次の次に移らせます。

結果の整理は，各行の加算された最終点をつないで作業曲線を作成します。この作業曲線によって，作業ぶりやパーソナリティを診断します。

本検査の良さは，具体的な作業という行動を通して診断するところにあります。そして，本検査は，性格検査ではつかみにくい「仕事ぶり」「作業ぶり」といった特徴を明らかにしてくれますが，同時に，それを通して，

より広い意味での精神の健康度や，精神障害の有無などについても明らかにしてくれます。

しかし，制約された条件で単純な作業をさせるだけですので，性格を多面的にとらえるには限界があります。つまり，精神検査としての本検査の結果は，あくまでも精神状態の健康・不健康，作業態度，作業・仕事ぶり（スピード，テンポ，注意力，持続性などの特性），性格のかたより，その他の精神的特質を示すものとして考えられるべきでしょう。

3. 投影（映）法

投影法は心理臨床およびカウンセリングの分野でよく用いられるテストの形式です。

この方法は比較的あいまいで，文化的様式に影響されにくい刺激素材を与えて，できるだけ自由な反応を引き出し，個人の性格を理解しようとする方法です。

投影法といわれる理由は，刺激素材に対する反応が，いわばその人の心の中の反映とみなされるからです。

投影法の長所は，被検者に自分の反応の持つ意味を気づかせないので，被検者の意図的な自己防衛が問題となることが少なく，本人の本当の姿を語らせることができることです。

さらに，無意識の局面を含んだ性格をとらえることができ，自由で変化に富む反応が期待できるので，個人の全体的，力動的な性格像を理解できます。

しかし，その反面短所として，他のテストと違って判定の規準が十分に確立していないので，客観的採点が困難であり，その解釈には主観的判断が多く必要とされることがあげられます。

また投影法は，一般に理論的根拠が十分に満足できるまで確立しているとは言い難い面を残しています。

さらに，検査者が十分訓練されていないと，検査者の検査場面での態度

が，被検者の反応に著しく影響を及ぼす場合があります。そこで，検査者には，テストに関する十分な訓練と経験，さらに深い人間理解にもとづく洞察力が必要とされます。

主な投影法の性格テストとしては，ロールシャッハ検査，TAT（幼児・児童用はCAT），SCT，バウム検査，人物画検査，P-Fスタディなどがあります。

ここでは，投影法の例としてSCT（文章完成法検査）について説明します。

文章完成法の検査は何種類かありますが，その中で代表的である佐野勝男，槇田　仁による検査を紹介します。

SCTは刺激語として以下のような短文が用意されています。被検者は，その短文の後に続けて書いて，文章を完成するものです。

(1) 子どものころ，私は……
(2) 私はよく人から……
(3) 家の暮らし……
(4) 私の失敗……
(5) 家の人は私を……

SCTは，パーソナリティの全体像を把握しようとするもので，内容は①「社会・生物的基礎」，②「性格」，③「指向」の3つに分けられます。具体的には，①家族と本人の関係，②健康，体力，容姿，③知能，精神的分化度，④精神のテンポ，⑤安定度，劣等感，欲求不満，⑥興味，生活態度，価値観などです。

完成された文章を分析して評価しますが，そのためにはかなりの専門的な学習と訓練が必要です。

8.3 職業興味検査

　職業に関する興味は，面接や作文などの方法によっても知ることができますが，これらの場合には，本人がある程度職業に関して理解していることが必要です。しかし，本人が具体的な方向性を持っていない場合には，必ずしも有効な方法ではありません。

　職業興味検査は，その点本人が具体的にどのような職業に対して興味があるか明確でなくても，検査を実施することによって，およそ興味の領域や水準を予測することができます。

　現在，日本にはいくつかの職業の興味に関する検査があり，それらの検査は一般的に質問紙法によっています。

　職業の種類や領域は，時代によってかなり変化していくため，常に時代に合った職業興味検査を作成することは困難です。

　職業興味検査の代表的なものとして，VPI があります。

　VPI はアメリカのホランド（Holland, J. L.）によって開発されました。

　この検査は，160 の具体的な職業を提示し，それぞれの職業に対する興味・関心の有無を回答させることにより，6 つの興味領域と 5 つの傾向（心理学的傾向）を測定するものです。

　検査は，職業相談などの場で，検査実施者が受検者に対して個別的に実施することができます。また職業ガイダンス，就職セミナーなどにおいて，検査実施者の全般的な指導，教示のもとで集団的に行うこともできるという特徴があります。

カウンセリング文献リスト

新しい交流分析の実際　杉田峰康　創元社　2000
新しいスクールカウンセラー　村山正治　ナカニシヤ出版　1998
アドラー心理学によるカウンセリング・マインドの育て方　岩井俊憲　星雲社　2000
いじめっ子への処方箋　松原達哉　教育開発研究所　1996
遺伝カウンセリング　千代豪昭　医学書院　2000
ADHD（注意欠陥，多動性障害）　町沢静夫　駿河台出版社　2002
エンカウンター　国分康孝　誠信書房　1981
お母さんのカウンセリング・ルーム　三沢直子　ひとなる書房　2001
カール・ロジャーズ入門　諸富祥彦　コスモス・ライブラリー　1997
介護カウンセリングの事例　佐藤真一　一橋出版　2000
ガイダンスとカウンセリング　小谷英文　北樹出版　1993
開発的カウンセリングを実践する9つの方法　栗原慎二　ほんの森出版　2003
カウンセラー　金沢吉展　誠信書房　1998
カウンセラーへの道　東山紘久　創元社　1986
カウンセラーが語る自分を変える　諸富祥彦　教育開発研究所　1996
カウンセラー志望者のための基本問題集　瀧本孝雄　ブレーン出版　2000
カウンセラー専門家としての条件　金沢吉展　誠信書房　1998
カウンセラーのコーチング術　市毛恵子　PHP研究所　2002
カウンセラーの仕事　三木善彦・他　朱鷺書房　1999
カウンセラーのためのアサーション　平木典子・他　金子書房　2002
カウンセラーのためのガイダンス　瀧本孝雄　ブレーン出版　1997
カウンセラーは何をするのか　氏原寛　創元社　2002
カウンセリング演習　福島脩美　金子書房　1997

カウンセリング解体新書　菅野泰蔵　日本評論社　1998
カウンセリング学習のためのグループワーク　福田清蔵　金子書房　1998
カウンセリング技法入門　玉瀬耕治　教育出版　1998
カウンセリング基本図書ガイドブック　瀧本孝雄・他　ブレーン出版　2005
カウンセリング辞典　氏原　寛　ミネルヴァ書房　1999
カウンセリング心理学　渡辺三枝子　ナカニシヤ出版　2002
カウンセリングとコンサルテーション　辻村英夫　学文社　2002
カウンセリングと心理テスト　林　潔・他　ブレーン出版　1998
カウンセリングと「出会い」　畠瀬直子　創元社　1991
カウンセリングとは何か　平木典子　朝日新聞社　1997
カウンセリング・トピックス100　国分康孝　誠信書房　1995
カウンセリングの基礎　平木典子・他　北樹出版　1997
カウンセリングの原理　国分康孝　誠信書房　1996
カウンセリングの実習　平木典子・他　北樹出版　1998
カウンセリングの実際　氏原　寛　創元社　1975
カウンセリングの条件　岡村達也・他　垣内出版　1999
カウンセリングの進め方　武田　建　誠信書房　1992
カウンセリングの実際問題　河合隼雄　誠信書房　1970
カウンセリングの話　平木典子　朝日新聞社　2004
カウンセリングの理論　国分康孝　誠信書房　1980
カウンセリングの枠組み　氏原　寛　ミネルヴァ書房　2000
カウンセリングマインドを使った栄養指導のための面接技法　小森まり子・他　チーム医療　2002
カウンセリング練習帳　水野修次郎　ブレーン出版　2001
カウンセリングを語る　上・下　河合隼雄　講談社　1999
カウンセリングを学ぶ　佐治守夫　東京大学出版会　1996

学生相談　小谷英文・他　星和書店　1994
学生のための心理相談　鶴田和美　培風館　2001
家族カウンセリング　岡堂哲雄　金子書房　2000
家族カウンセリングの実際　日本家族心理学会編集　金子書房　1985
家族の法則　岡田隆介　金剛出版　1999
学級担任のための育てるカウンセリング全書　国分康孝　図書文化社　1998
学校カウンセリング入門　友久久雄　ミネルヴァ書房　1999
学校カウンセリング辞典　真仁田昭　金子書房　1995
学校カウンセリングの考え方・進め方　樺澤徹二・他　金子書房　2003
学校教師のカウンセリング基本訓練　上地安昭　北大路書房　1990
看護カウンセリング　広瀬寛子　医学書院　2003
看護とカウンセリング　吉田哲　メディカ出版　2000
管理職カウンセラー　植西聰　PHP研究所　2002
キーワードで学ぶカウンセリング　沢田瑞也・他　世界思想社　1999
キャリア・カウンセリング　宮城まり子　駿河台出版社　2002
キャリア・カウンセリング　木村周　雇用問題研究会　2003
教育カウンセリング　楠本恭久・他　日本文化科学社　2003
教室で生かすカウンセリング・マインド　桑原知子　日本評論社　1999
教師の悩み相談室　竹内健児　ミネルヴァ書房　2000
暮らしの中のカウンセリング　西光義敞　有斐閣　1984
芸術カウンセリング　近喰ふじ子　駿河台出版社　2002
健康心理カウンセリング概論　日本健康心理学会　実務教育出版　2003
現代カウンセリング事典　国分康孝・他　金子書房　2001
行動カウンセリング入門　中沢次郎・他　川島書店　1975
交流分析のすすめ　杉田峰康　日本文化科学社　1990
子どもの心を育てるカウンセリング　國分康孝　学事出版　1997

好ましい人間関係を育てるカウンセリング　手塚郁恵　学事出版　1998
産業カウンセリング入門　杉渓一言　日本文化科学社　1995
産業カウンセリングハンドブック　杉渓一言　金子書房　2000
システムズアプローチによる家族療法のすすめ方　吉川　悟　ミネルヴァ書房　2001
自己カウンセリングとアサーションのすすめ　平木典子　金子書房　2000
実践カウンセリング初歩　飯長喜一郎　垣内出版　1998
実践電話カウンセリング　藤掛永良　朱鷺書房　1999
実践入門教育カウンセリング　小林正幸　川島書店　1999
実践入門産業カウンセリング　楡木満生　川島書店　2003
実践入門福祉カウンセリング　小林重雄編　川島書店　2000
自分でできるカウンセリング心理学　福島哲夫　PHP研究所　2003
女子大生がカウンセリングを求めるとき　鈴木乙史・他　ミネルヴァ書房　2002
新こころの日曜日　菅野泰蔵　法研　2004
新・福祉カウンセリング　藤田雅子　日本文化科学社　2000
心理療法序説　河合隼雄　岩波書店　1992
心理治療としての音楽療法　師岡宏之　音楽之友社　2001
スクールカウンセラー　村山正治・他　ミネルヴァ書房　1995
スクールカウンセリング　東山紘久　創元社　2002
生活分析的カウンセリングの理論と技法　松原達哉　培風館　2003
精神分析的カウンセリング　中西信男　ナカニシヤ出版　1997
青年期カウンセリング入門　古屋健治　川島書店　1998
セックス・カウンセリング入門　日本性科学会　金原出版　1995
セルフ・カウンセリング　渡辺康麿　ミネルヴァ書房　2001
大学教育とカウンセリング　日本学生相談研究会編　芸林書房　1981
大学生がカウンセリングを求めるとき　小林哲郎・他　ミネルヴァ書房

2000
登校拒否を生きる実戦的カウンセリング　北沢康吉・他　近代文芸社
2000
独習入門カウンセリング・ワークブック　福山清蔵　金子書房　1998
人間関係に活かすカウンセリング　小山　望・他　福村出版　2001
認知行動療法　坂野雄二　日本評論社　1995
パーソンセンタード・アプローチ　伊藤義美・他　ナカニシヤ出版　1999
発達カウンセリング　全国学生相談研究会議編　至文堂　1992
発達の危機とカウンセリング　鳴澤　實　ほんの森出版　2001
非行カウンセリング入門　藤掛　明　金剛出版　2002
フェミニストカウンセリングへの招待　井上摩耶子　ユック舎　1998
フォーカシングで身につけるカウンセリングの基本　近田輝行　星雲社
2002
福祉カウンセリング　袴田俊一　久美　2001
不登校カウンセリング　黒川昭登　朱鷺書房　1997
ヘルスカウンセリング2001　日総研出版　2001
メールカウンセリング　武藤清栄・他　至文堂　2002
もっと知りたい精神科のカウンセリング　池田　健　成美堂出版　2001
森田療法と心の自然治癒力　増野　肇　白揚社　2001
モントリオールの学校で　吉川ちひろ　ブレーン出版　1997
ユング心理学入門　河合隼雄　培風館　1967
ユング心理学の世界　樋口和彦　創元社　1978
養護教諭のカウンセリング　杉浦守邦　東山書房　2003
幼児保育とカウンセリングマインド　氏原　寛　ミネルヴァ書房　1995
よくわかる心理カウンセリング　南　博・他　日本実業出版社　2000
ロジャーズ・クライエント中心療法　佐治守夫・他　有斐閣新書　1983
論理療法の理論と実際　國分康孝　誠信書房　1999

私はなぜカウンセラーになったのか　一丸藤太郎　創元社　2002
〈私〉はなぜカウンセリングを受けたのか　東ちづる・他　マガジンハウス　2002

人名索引

ア行
アイゼンク（Eysenck, H. J.） 92
アイビイ（Ivey, A. E.） 119
アズリン（Azrin, N.） 88
ウィリアムソン（Williamson, E. G.） 17, 20
ウェクスラー（Wechsler, D.） 135
ウォルピ（Wolpe, J.） 84, 92
内田勇三郎 138, 140
ウッドワース（Woodworth, R. S.） 138
エイロン（Ayllon, T.） 88
エリス（Ellis, A.） 95

カ行
キルパトリック（Kilpatrick, W.） 52
クルンボルツ（Krumboltz, J. D.） 92
クレッチマー（Kretschmer, E.） 30, 139
クレペリン（Kraepelin, E.） 138
ゴールトン（Galton, F.） 137
ゴットシャルト（Gottschaldt, K.） 35

サ行
サイモンズ（Symonds, P. M.） 37
ジェンセン（Jensen, A. R.） 36
シモン（Simon, T.） 135
シャルコー（Charcot, J. M.） 105
シュテルン（Stern, W.） 35
スキナー（Skinner, B. F.） 82
ソアセン（Thoresen, C. E.） 92
ソーンダイク（Thorndike, E. L.） 82

タ行
ターマン（Terman, L. M.） 19, 135
デューイ（Dewey, J.） 52

ハ行
パーソンズ（Parsons, F.） 17, 19
パヴロフ（Pavlov, I. P.） 81
バンデューラ（Bandura, A.） 91
ヒーリー（Healy, W.） 53
ビネー（Binet, A.） 135
ピネル（Pinel, P.） 17
ブリュッケ（Brücke, E.） 105
フロイト（Freud, S.） 18, 37, 105
ベック（Beck, A.T.） 95
ホランド（Holland, J. L.） 143
ホリングワース（Hollingworth, L.） 52

マ行
マレー（Murray, H. A.） 138
ミード（Mead, M.） 38, 39
メスメル（Mesmer, R.） 17
メリル（Merrill, M. A.） 19, 135

ヤ行
ユング（Jung, C. G.） 30〜32

ラ行
レヴィン（Lewin, K.） 40
ロイド（Lloyd, W. P.） 21
ローゼンツヴァイク（Rosenzweig, S.） 44
ロールシャッハ（Rorschach, H.） 138
ロジャーズ（Rogers, C. R.） 20〜22, 50
ロビンソン（Robinson, F. P.） 120

ワ行
ワトソン（Watson, J. B.） 81

事項索引

ア行

アイ・コンタクト　12
あいづち　12
新しい問題の導入　123
アンビバレンツ　41

育児態度　37
一般的リード　121
遺伝　36
イド（エス）　112
意味への応答　79
インテーク面接　4

ウェクスラー・ベルビュー式知能検査　135
内田クレペリン精神検査　138, 140
うなづき　12

エゴ　112
エス　112
エディプス・コンプレックス　113
エレクトラ・コンプレックス　114
エンカウンター・グループ　60
援助　5

応答訓練　70
置き換え　111
オペラント行動　92
オペラント条件づけ（道具的条件づけ）　82, 84

カ行

絵画統画検査　138
外向型　31, 32
外向性　34
解釈　115, 122
解釈的態度　26
ガイダンス運動　17
回避―回避型の葛藤　41
カイン・コンプレックス　114
カウンセラー　3, 4
カウンセラーの真実性　62
カウンセリング　3, 4
カウンセリング心理学　17
かかわり行動　77
型（タイプ）　29
葛藤　39, 40
仮の分析　122
環境　36
環境閾値説　36
関係の確立　63
感情への応答　79
簡単受容　78

帰属理論　102
機能する人間　61
逆転移　116
教育測定運動　19
教育分析　116
強化法　88
共感的理解　22, 63
協調性　34
強迫観念　90
拒否型　37

クライエント　3, 4
クライエント中心カウンセリング（クライエント中心療法）　20, 50
クライエント中心療法　50
繰返し　121

経験説　35
傾聴　4, 27, 74
系統的脱感作法　84
原因帰属　98
嫌悪療法　87
言語性検査　136
言語的コミュニケーション　13
現実検証　100
現象学　70

5因子論（ビッグファイブ）　33
攻撃　12
攻撃的反応　42
口唇期　107
行動カウンセリング　92
行動観察法　128
行動療法　81
肛門期　107
合理化（理屈づけ）　110
固執的反応　43
固着的（固執的）反応　43
古典的条件づけ　81
事柄への応答　78
コミュニケーション　14
コンサルタント　18
コンサルテーション　18
コンプレックス　113
コンプレックス論　113

サ行

サイコセラピー　17
作業検査法　140
作業同盟　116

シェーピング法　90
ジェンダー　39

自我（エゴ）　112
自己一致　22, 57, 66
思考停止法　90, 102
自己概念　65
自己決定　67
自己実現傾向　60
自己受容　67
自己点検　26
自己洞察　67
自己不一致　57, 58
自己理解　3, 22
支持的態度　26
質問　80
質問紙法　138
自動的思考　100
十分に機能する人　69
自由連想法　115
主訴　4, 10
主張訓練法　86
守秘義務　11, 56
受容　12, 121
受理面接　8, 9
昇華　111
消去法　89
情緒的安定性　34
職業興味検査　143
職業指導　19
職業指導運動　19
助言者（コンサルタント）　18
真実さ　22
深層解釈　122
心的装置　112
信頼関係（ラポール）　70
心理アセスメント　127
心理検査　129
心理療法　17, 18

スーパーエゴ　112
スタンフォード・ビネー検査　19, 135
スペクタキュラ・コンプレックス　114

性格形成論（リビドー発達論）　106
性格検査　137
性格構造論　112
生活年齢　136
性器期　108
性差（男女差）　39
誠実性　34
精神衛生運動　19
精神年齢　135, 136
精神分析　105
精神分析的カウンセリング　116
精神療法　17
生得説　35
生物学的性差　39
積極的関心　62
積極的傾聴　57
接近―回避型の葛藤　40
接近―接近型の葛藤　40
摂取（取り入れ）　111
折衷主義　119
折衷的カウンセリング　119
説得　122
是認　121
セラピスト　17
セルフ・モニタリング　99

潜伏期　108
躁うつ気質　30
躁うつ病　30
双生児　36
層理論　35

タ行
ダイアナ・コンプレックス　114
退行コンプレックス　114
退行的反応　43
ダブル・バインド・コミュニケーション　12
男根期　107
男女差　39

逐語記録　55
知能検査　135
知能指数　135, 136
知能偏差値　136
調査診断的態度　26
超自我（スーパーエゴ）　112
治療同盟　115
沈黙　120

抵抗分析　115
徹底操作　115
転移感情　115
転移分析　115
てんかん　30

トイレット・トレーニング　37
同一視　110
投影　109
投影（映）法　138, 141
道具的条件づけ　82
統合失調症　30
動作性検査　136
闘士型　30
投射（投影）　109
逃避　108
トークン・エコノミー法　88
特性　33
特性論　32, 33
閉じられた質問　72
取り入れ　111

ナ行
内向型　31, 32

二重拘束コミュニケーション（ダブル・バインド・コミュニケーシ

ョン）　13
人間中心アプローチ　60
認知行動療法　94
認知的コミュニケーション　14
認知の歪み　96
認知理論　84

粘着気質　30, 31

ノンバーバル・コミュニケーション　11

ハ行

パーソナリティ　24, 28
パーソナリティ検査　139
パーソナル・スペース　12
バーバル・コミュニケーション　11
発育不全型　30
場面構成　10
反動形成　110

非言語的コミュニケーション　13
非言語的表現　10
非指示的カウンセリング　20, 50
非指示的療法　56
ビッグファイブ　33
否認　122
ビネー検査　135
肥満型　30
評価的態度　26
標準偏差　137
開かれた質問　72
開かれた人間　61

不安階層表　84, 85
輻輳説　35
フラストレーション　42
フラストレーション・トレランス）　44
プレイセラピー　12
文化　34, 38
文化的・社会的性差　39
文章完成法検査　138
分裂気質　30

ペルソナ　28

防衛機制　108
防衛機制論　108
保護型　37
保証　123
補償　111
細長型　30

マ行

まなざし（アイ・コンタクト）　12

明確化　121
面接法　128

モデリング法　91
問題解決　5

ヤ行

役割演技法（ロール・プレイング）　87

遊戯療法　12
夢分析　115

要約　79, 121
抑圧　109
欲求不満（フラストレーション）　42
欲求不満耐性（フラストレーション・トレランス）　44

ラ行

ラポール　16

リード　120
理解的態度　27
理屈づけ　110
リビドー　106
リビドー発達論　106
リファー　16
良心性（誠実性）　34
両面感情的（アンビバレンツ）　41
リラクセーション　84
臨床心理学　17
臨床的カウンセリング　20

類型論　29〜31

レスポンデント行動　92
レスポンデント条件づけ（古典的条件づけ）　81, 84
劣等コンプレックス　114
連想　5

ロール・プレイング　87
ロールシャッハ検査　138

英字

ABC理論　95
MMPI　138
P-Fスタディ（絵画欲求不満検査）　138
SCT（文章完成法検査）　138, 142
TAT（絵画統画検査）　138
VPI　143

著者略歴

瀧本孝雄（たきもとたかお）

1967年　学習院大学文学部哲学科卒業
1969年　青山学院大学大学院文学研究科（心理学）
　　　　修士課程修了（文学修士）
現　在　獨協大学名誉教授
　　　　同カウンセリング・センター・カウンセラー
　　　　聖心女子大学講師

主要編著書
『自分で学べるカウンセリングノート』（サイエンス社，2009）
『性格心理学への招待［改訂版］』（共著）（サイエンス社，2003）
『性格のタイプ』（サイエンス社，2000）
『カウンセラーのためのガイダンス』（共編著）（ブレーン出版，1997）
『カウンセラー志望者のための基本問題集』（ブレーン出版，2000）
『現代カウンセリング事典』（責任編集）（金子書房，2001）
『カウンセリング基本図書ガイドブック』（共編）（ブレーン出版，2005）

カウンセリングへの招待

2006年3月25日　ⓒ　　　　初　版　発　行
2016年4月10日　　　　　　初版第4刷発行

著　者　瀧本孝雄　　発行者　森平敏孝
　　　　　　　　　　印刷者　山岡景仁
　　　　　　　　　　製本者　関川安博

発行所　株式会社　サイエンス社
　〒151-0051　東京都渋谷区千駄ヶ谷1丁目3番25号
　営業　☎ (03) 5474-8500 ㈹　振替　00170-7-2387
　編集　☎ (03) 5474-8700 ㈹
　FAX　☎ (03) 5474-8900

印刷　三美印刷　　　製本　関川製本所
《検印省略》

本書の内容を無断で複写複製することは、著作者および出版者の権利を侵害することがありますので、その場合にはあらかじめ小社あて許諾をお求め下さい。

ISBN4-7819-1124-2

PRINTED IN JAPAN

サイエンス社のホームページのご案内
http://www.saiensu.co.jp
ご意見・ご要望は
jinbun@saiensu.co.jp　まで．